DIREITOS HUMANOS, LIBERDADE DE EXPRESSÃO E DEMOCRACIA

Coordenadores
André Gustavo Corrêa de Andrade
Maria Helena Barros de Oliveira
Vivian de Carvalho Reis Neves

DIREITOS HUMANOS, LIBERDADE DE EXPRESSÃO E DEMOCRACIA

GZ
EDITORA

Rio de Janeiro
2025

1ª edição – 2025

Diagramação: *Olga Martins*

CIP-BRASIL. CATALOGAÇÃO NA PUBLICAÇÃO
SINDICATO NACIONAL DOS EDITORES DE LIVROS, RJ

D635

Direitos humanos, liberdade de expressão e democracia / coordenação André Gustavo Corrêa de Andrade, Maria Helena Barros de Oliveira, Vivian de Carvalho Reis Neves. - 1. ed. - Rio de Janeiro : GZ, 2024.
188 p. ; 24 cm.

Inclui bibliografia e índice
ISBN 978-65-5813-112-0

1. Direitos humanos - Brasil. I. Andrade, André Gustavo Corrêa de. II. Oliveira, Maria Helena Barros de. III. Neves, Vivian de Carvalho Reis.

24-92699

CDU: 342.57(81)

Gabriela Faray Ferreira Lopes - Bibliotecária - CRB-7/6643

05/07/2024 10/07/2024

contato@editoragz.com.br
www.editoragz.com.br
Estrada do Capuava, nº 1325 - Box Q - CEP 06715-410
Bairro Barro Branco - Município de Cotia - SP
Tels.: (0XX21) 99585-0737 / 99755-0737

Impresso no Brasil
Printed in Brazil

APRESENTAÇÃO

A parceria entre o Departamento de Direitos Humanos e Saúde (DIHS) da Escola Nacional de Saúde Pública Sérgio Arouca (ENSP), da Fundação Oswaldo Cruz (Fiocruz), a Escola da Magistratura do Estado do Rio de Janeiro (Emerj) e o Tribunal de Justiça do Estado do Rio de Janeiro (TJRJ) gerou diversas atividades acadêmicas e de serviços. Dentre essas atividades, destacam-se as turmas de Mestrado Profissional em Direitos Humanos, Justiça e Saúde e a implantação da Justiça Itinerante Maré/Manguinhos.

Além disso, foi criada a disciplina eletiva "Liberdade de Expressão, Direitos Fundamentais e Democracia", vinculada ao Programa de Pós-graduação em Saúde Pública, na Linha de Pesquisa de Direitos Humanos e Saúde.

Nos anos de 2021 e 2022, enquanto ainda vivíamos o período de pandemia do coronavírus (COVID-19), a disciplina foi oferecida, na modalidade à distância, aos discentes do Programa com o objetivo de criar uma cultura de troca de conhecimentos acadêmicos no campo dos Direitos Humanos e Saúde.

O conteúdo programático da disciplina privilegiou a abordagem dos Direitos Humanos e Saúde, com breves considerações históricas e contextuais, como forma de introduzir temas relacionados ao direito à liberdade no Estado Democrático de Direito. A discussão sobre a democracia recebeu especial atenção, com ênfase no tema da liberdade de expressão, sua extensão e limites.

Foram analisados os abusos da liberdade de expressão, como o discurso de ódio e a desinformação (Fake News), bem como a evolução histórica das liberdades fundamentais. Foram estudados os diversos direitos de liberdade, incluindo as liberdades de expressão e de imprensa, de consciência, acadêmica/de cátedra/de ensino (Escola sem Partido), de religião e de culto, de associação e de reunião, política, e as liberdades existenciais e de autonomia privada - como as liberdades sexual, ao próprio corpo e à própria vida, a liberdade das mulheres e a questão do aborto. Os limites dessas diversas liberdades foram discutidos, confrontando-as entre si e com os demais direitos fundamentais.

Buscou-se possibilitar a compreensão da importância dos direitos de liberdade para a democracia. Todo o conteúdo abordado na disciplina utilizou a estratégia metodológica de debates sobre os limites das diversas liberdades fundamentais, tanto do ponto de vista teórico quanto a partir do exame de casos e controvérsias.

Os trabalhos finais dos discentes das duas turmas oferecidas durante a pandemia resultaram na presente obra, que temos a alegria de apresentar, intitulada "Liberdade de Expressão, Direitos Fundamentais e Democracia".

Esperamos que a leitura seja enriquecedora e que inspire reflexões importantes sobre a temática abordada.

Rio de Janeiro, junho de 2024.

Maria Helena Barros de Oliveira
André Gustavo Corrêa de Andrade
Vivian de Carvalho Reis Neves

PREFÁCIO

Não é preciso dizer o quanto feliz estou de ter sido convidado a prefaciar essa obra, brilhantemente organizada pelos Professores André Gustavo de Andrade, Maria Helena Barros de Oliveira e Vivian de Carvalho Neves. O título "Direitos Humanos, Liberdade de Expressão e Democracia" traz o eixo principal que orienta a minha vida, tanto pessoal como profissional. São as expressões "Humanidade", "Liberdade" e "Democracia"; que tenho como o Norte que há de nos conduzir, a todos nós, a uma efetividade ética e respeitosa para com o "outro" e em consequência para com o universo que convivemos.

Não posso deixar de registrar o carinho e o respeito que tenho para com a FIOCRUZ, pelo que faz e representa nesse universo mais igual com que sonhamos, onde os invisibilizados são enxergados e as desigualdades combatidas, dentre elas a saúde pública que tanto falta a quem dela precisa para sobreviver.

Dentre as atividades que procurei implantar quando tive o privilégio de dirigir a EMERJ, no biênio 2015/16, destaco o Convênio que celebramos com a FIOCRUZ para a implantação de um Mestrado em Saúde Pública e Justiça. É fundamental que nós magistrados tenhamos como permanente o senso crítico de nossa atividade para que possamos trazer para essa jurisdição um mínimo de emancipação e igualdade.

Não teríamos conseguido sem a dedicação da Professora Maria Helena Barros, que também organiza essa obra. Esse Mestrado agora tem continuidade pelas mãos do competente e atual Diretor da EMERJ, Des. Marco Aurélio Bezerra de Melo, para nossa máxima felicidade!

Os textos aqui publicados são a reprodução desse sonho e dessa proposta republicana e democrática, escritos com a assinatura da diversidade e naturalmente com o diálogo interdisciplinar fruto da produção intelectual de formações diferentes, que somadas trazem o resultado inteligente do que tanto nos falta hoje na democracia brasileira: O respeito e o diálogo entre os diferentes.

A "conversa" entre o Direito, a Psicologia e a Saúde, somados, dão resultado primoroso, sentido ao final da leitura dos textos produzidos. A leitura termina, mas permanece a reflexão interna pelo viés da sensibilidade do leitor, a indagar de si mesmo: Será que estou fazendo o suficiente pelo "outro"?

André Andrade inicia essa linda jornada, destacando o histórico da liberdade de expressão ao longo das constituições brasileiras, medindo depois a relevância desse direito tão caro à democracia na era digital que se inicia a todo o vapor. A riqueza desse texto é o somatório de inúmeras qualidades do seu autor, que sabe aliar como poucos seu conhecimento acadêmico à prática de uma jurisdição sensível e humanizada, que tenho o privilégio de compartilhar ao longo das últimas décadas.

Rayra Pereira Buriti Santos, Michele Gonçalves da Costa e Maria Helena Barros de Oliveira vem em seguida, anotando sob a perspectiva do gênero o padrão dominante do masculino em prejuízo do "corpo de mulher", subjugado inclusive sob viés do importante acesso igualitário às políticas públicas de saúde. Citam casos concretos de violência obstétrica e não fogem à discussão do aborto.

Roney Silva de Moraes escreve no seguinte texto e explica o sentido e a razão do "Estado Psíquico" e denuncia a influência equivocada das matrizes religiosas mais cultuadas no cenário político brasileiro.

O próximo texto é de autoria de Fernanda França Fernandes, que traz importante contribuição através da interpretação da obra e do pensamento de Adilson Moreira. Afinal de contas, adverte com muita propriedade que "rir com o outro" não se confunde com "rir do outro".

O capítulo que se segue, de Luiz Felipe Sangi do Nascimento aborda as "*fake news*" e registra a influência desse processo na política brasileira. Explica e define a aplicação do Princípio da Ponderação de Interesses de Robert Alexy em casos concretos.

O capítulo seguinte, escrito por Aldilene Abreu Azevedo e Vania Reis Girianelli enfrenta o tema da exploração laboral ao longo da história, a escravidão no Brasil e seus efeitos nocivos sob a ótica atual neoliberal, especialmente quando se trata da ausência de respeito a parâmetros mínimos de saúde.

Natalie Maria de Oliveira de Almeida escreve, em seguida, sobre práticas irregulares nas relações de gênero, particularmente no que se refere à prática do "*breast ironing*", cujo objetivo seria "atrasar" o desenvolvimento natural do corpo feminino. Registra o risco da violência dessa cultura, aceita ainda em países de menor desenvolvimento, a ser combatida pelo Direito Internacional.

A abordagem seguinte tem o prisma psicológico como pano de fundo, produzido por Tairises da Silva Roque e Claudia Tartaglia Reis e se refere ao comprometimento que pode existir como exercício do trabalho que possa se dar em ambientes de repressão do trabalhador. Ressalta a importância da liderança e da liberdade de manifestação como elementos de propulsão e garantia do correto aprendizado.

O texto que se segue tem a autoria de Thauanne de Souza Gonçalves, Alessandra Fernandes da Silva Garrido e Nayara Rudeck Oliveira Stehl Cock. Abordam o relevante tema da educação sob o viés do movimento "escola sem partido". Demonstra a impossibilidade da neutralidade cultural e traz a legítima homenagem ao mais inteligente educador que nossa pátria conheceu, o saudoso e sempre lembrado Paulo Freire.

Thais Michele de Medeiros Riguete e Aldilene Abreu de Azevedo escrevem em seguida sobre a "Eutanásia". Descrevem conceitos e terminologias importantes, trazem a discussão para o terreno dos direitos fundamentais, ressaltando a relevância do tema e de seu transparente debate social.

Finaliza a obra o texto de Renata de Lima Machado e Maria Helena Barros de Oliveira, sobre o tema de gênero e sua discriminação institucional. A efetivação da igualdade é uma das tônicas do debate, assim como o registro da contaminação que que se deu nas estruturas das Instituições dos efeitos do patriarcado. Nunca será demais denunciar o risco dessa violência institucionalizada, que se renova e fortalece pelo atuar de seu próprio sistema, escondendo-se perigosamente na representação simbólica de um *habitus* que se reproduz para garantia e manutenção de relações verticais de poder como denunciou Bordieu.

Termino agradecendo à FIOCRUZ por todo o bem que nos tem oferecido especialmente no terreno da ciência, pela seriedade e competência com que trata a todos nós, cidadãos, pela saúde pública que nos proporciona e pela competência com que desenvolve seus projetos, da qual essa obra é mais um exemplo!

Caetano E. Fonseca Costa
Mestre em Direito pela Universidade Estácio de Sá
Mestre em Direitos Humanos pela Universidade de Barcelona
Diretor da Emerj (2015/16)
1º Vice- Presidente do TJ/RJ

SOBRE OS COORDENADORES E AUTORES

Aldilene Abreu de Azevedo

Advogada e Enfermeira; Mestre e Doutoranda em Saúde Pública pela Escola Nacional de Saúde Pública Sergio Arouca da Fundação Oswaldo Cruz (ENSP/FIOCRUZ). Especialista em Direitos Humanos e Saúde pela ENSP/FIOCRUZ.

Alessandra Fernandes da Silva Garrido

Pedagoga pela Universidade Federal do Estado do Rio de Janeiro (UNIRIO) e Graduanda de Direito pela UNIRIO.

André Gustavo Corrêa de Andrade

Doutor em Direito pela Universidade Estácio de Sá (UNESA). Professor do PPGD da UNESA. Presidente do Fórum Permanente de Liberdade de Expressão, Liberdades Fundamentais e Democracia da EMERJ – Escola da Magistratura do Estado do Rio de Janeiro. Coordenador do Núcleo de Pesquisas sobre Liberdade de Expressão e de Imprensa e Mídias Sociais da EMERJ. Desembargador do TJRJ.

Claudia Tartaglia Reis

Enfermeira; Pesquisadora e Doutora em Saúde Pública pela ENSP/FIOCRUZ, com Pós-Doutorado Saúde Coletiva na área de Políticas, Gestão e Administração de Saúde. Tutora do Curso Internacional de Qualidade em Saúde e Segurança do Paciente da ENSP/FIOCRUZ.

Fernanda França Fernandes

Psicóloga; Doutoranda em Psicossociologia pela UFRJ; Mestre em Saúde Pública pela ENSP/FIOCRUZ; Pós-graduada em Saúde Pública e em Gestão de Projetos. Militante Antirracista e idealizadora do Projeto 'Práticas Antirracistas' (@praticasantirracistas). Técnica do SUAS (Proteção Social Básica SMAS/PCRJ).

Luiz Felipe Sangi do Nascimento

Advogado; Assistente Administrativo do Rioprevidência; Pós-graduado em Advocacia Pública pela Escola Superior de Advocacia Pública (ESAP/PGE-RJ).

Maria Helena Barros de Oliveira

Advogada; Doutora em Ciências pela Escola Nacional de Saúde Pública Sérgio Arouca. Pesquisadora do Departamento de Direitos Humanos e Saúde da Escola Nacional de Saúde Pública Sérgio Arouca (ENSP/FIOCRUZ).

Michele Gonçalves da Costa

Sanitarista; Doutoranda em Saúde Pública pela Escola Nacional de Saúde Pública Sergio Arouca da Fundação Oswaldo Cruz (ENSP/FIOCRUZ); Mestra em Saúde Pública pela Escola Nacional de Saúde Pública Sergio Arouca da Fundação Oswaldo Cruz (ENSP/FIOCRUZ). Especialista em Saúde Coletiva pela Instituto de Estudos de Saúde Coletiva da Universidade Federal do Rio de Janeiro (IESC/UFRJ).

Natalie Maria de Oliveira de Almeida

Advogada; Mestre em Direito pela Universidade Federal do Maranhão (UFMA); pós-graduanda em Direitos Humanos pela Universidade Estadual do Maranhão (UEMA) e em Direito Público pela Escola Brasileira de Direito (EBRADI); Gerente do Núcleo Jurídico Trabalhista da Empresa Maranhense de Serviços Hospitalares/EMSERH; Professora do Centro Universitário Estácio de São Luís (bolsista de produtividade); integrante do Núcleo de Estudos em Direito Sanitário (NEDISA) da Universidade Federal do Maranhão (UFMA) e integrante da Comissão de Direito à Saúde da Ordem dos Advogados do Brasil (OAB/MA).

Nayara Rudeck Oliveira Sthel Cock

Doutoranda em Saúde Coletiva pelo Instituto de Medicina Social da Universidade do Estado do Rio de Janeiro (IMS/UERJ); Mestre em Psicologia Institucional pela Universidade Federal do Espírito Santo (UFES); Especialista em Saúde Pública pela UFES/RedEscola), Odontóloga pela UFES.

Rayra Pereira Buriti Santos

Enfermeira; Doutoranda em Saúde Pública pela Escola Nacional de Saúde Pública Sergio Arouca da Fundação Oswaldo Cruz (ENSP/FIOCRUZ). Mestra em Saúde Pública pela ENSP/FIOCRUZ. Especialista em Direitos Humanos e Contemporaneidade pela Universidade Federal da Bahia (UFBA).

Renata de Lima Machado

Juíza de Direito do Tribunal de Justiça do Estado do Rio de Janeiro (TJRJ), Doutoranda e Mestra em Saúde Pública pela Escola Nacional de Saúde Pública Sérgio Arouca (ENSP/FIOCRUZ). Presidente do Fórum de Saúde Pública e Acesso à Justiça da Escola da Magistratura do Estado do Rio de Janeiro (EMERJ).

Roney de Moraes

Psicólogo; Doutorando em Psicologia pelo Programa de Pós-graduação em Psicologia da Universidade Federal Rural do Rio de Janeiro, pesquisador do Laboratório de Pesquisa em Psicologia Social (LAPPSO) do mesmo programa onde desenvolve pesquisas em Representações Sociais e Identidade Social.

Tairises da Silva Roque

Enfermeira; Especialista em Gênero, Sexualidade e Direitos Humanos pela Escola Nacional de Saúde Pública Sérgio Arouca (ENSP/FIOCRUZ); Especialista em Saúde da Família pela Faculdade Redentor (FacRedentor); Especialista em Direito e Saúde pela ENSP/FIOCRUZ; Mestre em Saúde Pública pela ENSP/FIOCRUZ. Coordenadora de Vigilância Epidemiológica e Programa IST/HIV/AIDS do município de Cataguases (MG).

Thais Michele de Medeiros Riguete

Nutricionista. Mestre em Saúde Pública Pela Escola Nacional de Saúde Pública Sérgio Arouca (ENSP/FIOCRUZ). Especialista em Atenção Básica pelo programa de residência multiprofissional UNIFASE.

Thauanne de Souza Gonçalves

Doutoranda em Saúde Coletiva pelo Instituto de Medicina Social da Universidade do Estado do Rio de Janeiro (IMS/UERJ); Mestre em Ciências Pública pela Escola Nacional de Saúde Pública Sérgio Arouca (ENSP/FIOCRUZ); Enfermeira pela Universidade Federal do Rio de Janeiro (UFRJ); Graduanda de Direito pela Universidade Federal do Estado do Rio de Janeiro (UNIRIO).

Vania Reis Girianelli

Psicóloga; Pós-doutora em Epidemiologia pelo Instituto de Medicina Social da Universidade de estado do Rio de Janeiro (IMS/UERJ); pesquisadora da Escola Nacional de Saúde Pública Sergio Arouca da Fundação Oswaldo Cruz (ENSP/FIOCRUZ).

Vivian de Carvalho Reis Neves

Fonoaudióloga; Doutoranda em Saúde Pública pela Escola Nacional de Saúde Pública Sérgio Arouca (ENSP/FIOCRUZ). Mestre em Saúde Coletiva pela Universidade Federal Fluminense (UFF).

SUMÁRIO

Capítulo 1

A Construção da Liberdade de Expressão no Brasil

André Gustavo Corrêa de Andrade

Um Princípio em Construção

A liberdade de expressão, enquanto direito fundamental, não é um conceito imutável, mas uma construção social e histórica que reflete as características culturais, políticas e tecnológicas de cada sociedade. Seu alcance e interpretação são moldados por uma variedade de fatores, incluindo o regime político vigente, movimentos sociais e culturais, eventos críticos, avanços tecnológicos e influências internacionais.

A interação com outros direitos humanos, como a privacidade e a dignidade, também desempenha um papel crucial na definição de seus limites. Decisões judiciais e o papel da mídia e do jornalismo são elementos fundamentais para a consolidação deste direito.

Compreender essa complexa teia de influências é essencial para analisar a liberdade de expressão em qualquer contexto específico, incluindo o Brasil, onde a história recente de repressão e os desafios contemporâneos da desinformação digital continuam a moldar seu desenvolvimento.

De Promessa a Realidade: A Jornada da Liberdade de Expressão no Brasil

Para compreender a importância e o alcance da liberdade de expressão no Brasil, é de grande valia examinar sua trajetória nas diversas constituições, desde o período imperial até hoje, bem como sua aplicação na prática social e política.

A história deste direito no Brasil é marcada pelo estabelecimento de uma liberdade de expressão apenas formal nos diversos textos constitucionais, sem a sua proteção em termos práticos, culminando na robusta proteção dada a essa liberdade na Constituição Federal de 1988.

Essa jornada destaca as dificuldades e os desafios persistentes que sempre envolveram a liberdade de expressão e outros direitos fundamentais no Brasil, em contextos políticos muito voláteis.

O exame dessas transformações nos ajuda não apenas a valorizar a liberdade de expressão, como princípio inerente à democracia, mas também nos permite compreender a necessidade de criar uma cultura firme em torno desse princípio.

A Constituição de 1824: O Direito à Comunicação em uma sociedade hierarquizada e excludente

Na *Constituição Política do Império do Brasil*, outorgada em 1824, a liberdade de expressão era tratada, textualmente, como *direito à comunicação*. O Artigo 179, IV, da Constituição de 1824 afirmava: "Todos podem comunicar os seus pensamentos, por palavras, escritos, e publicá-los pela Imprensa, sem dependência de censura; com tanto que hajam de responder pelos abusos, que cometerem no exercício deste Direito, nos casos e pela forma, que a Lei determinar."

A sociedade brasileira da época era fortemente hierarquizada e marcada por profundas desigualdades sociais e raciais. A escravidão ainda existia, submetendo milhões de pessoas à condição de propriedade privada, sem direitos civis ou políticos. A liberdade de expressão estava efetivamente disponível apenas para uma pequena parcela da população - basicamente homens livres, letrados e economicamente estáveis. Escravos, mulheres, indígenas e grande parte da população pobre não tinham acesso a esses direitos na prática.

Apesar de a Constituição proibir a censura prévia, na prática, o governo imperial exercia controle rígido sobre a imprensa e outras formas de comunicação. A legislação subsequente e as práticas governamentais impunham restrições significativas à liberdade de expressão, incluindo punições severas para aqueles que criticavam o governo ou a monarquia.

A Constituição de 1891: A fragilidade da Liberdade de Expressão no Brasil Republicano

Pouco tempo depois do fim da escravidão e do Império foi promulgada a *Constituição da República dos Estados Unidos do Brasil de 1891*, através da qual conferiu-se maior amplitude subjetiva à liberdade de expressão, já que sua proteção foi estendida aos estrangeiros residentes no país.

A liberdade de expressão, inspirada em grande parte pelo modelo norte-americano, passou a ser tratada como "manifestação de pensamento". Pela primeira vez, estabeleceu-se a vedação ao anonimato – a mais duradoura dentre todas as vedações ao exercício dessa liberdade.

O art. 72, § 12, do texto constitucional estabelecia: "*Em qualquer assunto é livre a manifestação de pensamento pela imprensa ou pela tribuna, sem dependência de censura, respondendo cada um pelos abusos que cometer nos casos e pela forma que a lei determinar. Não é permitido o anonimato.*"

A Proclamação da República em 1889 e a subsequente promulgação da Constituição de 1891 ocorreram em um período de intensa transformação social e política. O país estava se ajustando ao fim da escravidão (1888) e à transição do sistema monárquico para o republicano. Este contexto de mudança trouxe consigo instabilidades e conflitos que impactaram enormemente a liberdade de expressão, que era frequentemente limitada por leis e práticas governamentais.

A censura ainda era uma realidade, principalmente em contextos de segurança nacional e moralidade pública. Jornalistas e publicações que criticavam o governo ou abordavam temas sensíveis muitas vezes enfrentavam perseguições e represálias.

O Brasil era dominado pelo "coronelismo", sistema político onde "coronéis" locais (grandes proprietários de terras) exerciam enorme controle sobre a vida social e política em suas regiões. Esses coronéis frequentemente restringiam a liberdade de expressão, usando seu poder para suprimir vozes dissidentes e controlar a imprensa local. A realidade do País naquele período era de uma democracia ainda em construção, com instituições frágeis e uma cultura política que muitas vezes limitava o exercício pleno dos direitos civis.

A Constituição de 1934: Avanços Constitucionais e Contradições Autoritárias

Após a Primeira Guerra Mundial e diversos conflitos internos de relevância histórica,[1] foi promulgada a Constituição da República dos Estados Unidos do Brasil de 1934. A liberdade de expressão foi prevista

1 Rafael Koatz (*Discursos Ofensivos e de Incitação ao Ódio: Limites à Liberdade de Expressão?* Dissertação de Mestrado inédita, p. 151) lembra que nesse período ocorreram os seguintes conflitos: a Guerra de Canudos (1893-1897), a Revolta da Chibata (1910), as Greves Operárias de 1917-1919, a Revolução de 1930 e a Revolução Constitucionalista de 1932.

como liberdade de manifestação do pensamento no art. 113, inciso 9, do texto constitucional: "Em qualquer assunto é livre a manifestação do pensamento, sem dependência de censura, salvo quanto a espetáculos e diversões públicas, respondendo cada um pelos abusos que cometer, nos casos e pela forma que a lei determinar. Não é permitido anonimato. É segurado o direito de resposta. A publicação de livros e periódicos independe de licença do Poder Público. Não será, porém, tolerada propaganda, de guerra ou de processos violentos, para subverter a ordem política ou social."

A década de 1930 foi um período turbulento na história brasileira, marcado pela Revolução de 1930, que levou Getúlio Vargas ao poder, e pela Revolução Constitucionalista de 1932. Esses eventos refletiam a instabilidade política e a luta pelo poder, criando um ambiente muitas vezes hostil à livre expressão.

O período também foi caracterizado por tensões sociais e ideológicas crescentes, incluindo o surgimento de movimentos fascistas e comunistas. Essas tensões frequentemente resultavam em repressão a certos grupos e ideias, afetando a liberdade de expressão. Além disso, a Constituição de 1934 trouxe algumas garantias de direitos, mas o governo de Vargas implementou medidas que restringiam esse direito.

A censura à imprensa e a outras formas de comunicação era comum, e críticas ao governo muitas vezes eram suprimidas. Leis como a Lei de Segurança Nacional e outros diplomas legais promulgados durante esse período foram usados para restringir a liberdade de expressão, justificando a repressão em nome da segurança do Estado.

Embora a Constituição de 1934 representasse um avanço em termos de liberdades civis, as práticas autoritárias do governo de Vargas frequentemente minaram essas garantias, criando um clima de censura e controle sobre a livre manifestação do pensamento.

A Constituição de 1937: A institucionalização da censura no Estado Novo

O referido texto constitucional não vigorou por muito tempo, em razão do golpe de Estado de 1937. Getúlio Vargas, já presidente desde 1930, aboliu a Constituição de 1934, dissolveu o Congresso Nacional e implementou uma nova constituição autoritária, inspirada nos regimes fascistas europeus, dando início ao chamado Estado Novo. O golpe teve como pretexto a necessidade de combater ameaças comunistas (sempre o "espantalho" do comunismo) e manter a estabilidade nacional, após a agitação política da primeira metade da década de 1930. Nesse contexto, foi outorgada uma nova Constituição, cujo regramento, próprio de ditaduras, era ainda mais severo contra as liberdades civis, sob a justificativa, lançada em seu preâmbulo, de que a infiltração comunista exigia "remédios, de caráter radical e permanente".

Especialmente no que tange à liberdade de expressão, o texto da *Constituição de 1937* foi caracterizado por um grande retrocesso, com a institucionalização da censura e pela regulação do exercício do direito à manifestação do pensamento e da imprensa, segundo condições e limites prescritos em lei, com observância dos parâmetros estabelecidos no art. 122, item15, do texto constitucional: "todo cidadão tem o direito de manifestar o seu pensamento, oralmente, ou por escrito, impresso ou por imagens, mediante as condições e nos limites prescritos em lei."

Tamanho era o Poder conferido ao Presidente da República, que ele, por meio de decretos, criou o infame *Departamento de Imprensa e Propaganda* (*DIP*), órgão responsável pelo controle dos meios de comunicação e pelo controle ideológico da população, e suspendeu a vigência de diversos dispositivos constitucionais, dentre os quais aquele que previa a liberdade de manifestação do pensamento.[2]

Constituição de 1946: Renovação da Democracia e promessa de Liberdade

Após o fim da Segunda Guerra Mundial, em 1945, período em que diversos direitos humanos fundamentais foram severamente violados por governos autoritários e totalitários, aumentou a pressão mundial - e interna - pela redemocratização e pelo restabelecimento desses direitos. Vargas foi deposto naquele ano e um governo provisório foi estabelecido sob a liderança do general Eurico Gaspar Dutra, que preparou o caminho para eleições presidenciais e a convocação de uma Assembleia Nacional Constituinte. O objetivo era romper com o sistema instituído pela Constituição de 1937, diploma que fora outorgado e sustentava um regime ditatorial, e organizar um regime democrático.

A *Constituição de 1946*, então promulgada, restabeleceu diversos valores democráticos, como a liberdade de manifestação de pensamen-

2 A criação do Departamento de Imprensa e Propaganda (DIP) se deu por meio do Decreto nº 1.949/39 e, a suspensão de vigência de direitos fundamentais, através do Decreto nº 10.358/1942, instrumento através do qual foi declarado estado de guerra em todo o território nacional a partir de 31 de agosto do ano de sua edição.

to e, nesse aspecto, o art. 141, § 5º, muito se aproximava do texto da Constituição de 1934: "É *livre a manifestação do pensamento, sem que dependa de censura, salvo quanto a espetáculos e diversões públicas, respondendo cada um, nos casos e na forma que a lei preceituar pelos abusos que cometer. Não é permitido o anonimato. É assegurado o direito de resposta. A publicação de livros e periódicos não dependerá de licença do Poder Público. Não será, porém, tolerada propaganda de guerra, de processos violentos para subverter a ordem política e social, ou de preconceitos de raça ou de classe.*" O art. 173, por sua vez, estabeleceu que: "*As ciências, as letras e as artes são livres.*"

Este período foi marcado por um esforço para restaurar as instituições democráticas e garantir as liberdades civis, incluindo a liberdade de expressão. A imprensa experimentou uma renovação significativa após o fim da censura institucionalizada do Estado Novo. Jornais e revistas que haviam sido reprimidos ou fechados começaram a operar novamente, e novos veículos de comunicação surgiram, refletindo uma diversidade maior de opiniões e perspectivas.

O Brasil ainda enfrentava desafios políticos e sociais que limitavam na prática liberdade de manifestação de pensamento. Períodos de instabilidade política, como o suicídio de Vargas em 1954, provocaram crises que às vezes resultavam em restrições a essa liberdade. A cultura e a arte brasileiras viveram um período de efervescência e experimentação, refletindo a liberdade recém-restabelecida.

No entanto, artistas e intelectuais ainda enfrentavam desafios ao expressar ideias que eram consideradas controversas ou críticas ao status quo. Mesmo sem a censura estatal do Estado Novo, continuaram a existir tentativas de controlar a mídia e suprimir vozes dissidentes, seja por pressões políticas, econômicas ou legais. Além disso, algumas legislações da época ainda permitiam formas de censura ou restrições sob certas condições.

Constituição de 1967 e EC nº 1 de 1969: Repressão e Censura na Ditadura Militar

O golpe militar de 1964, catalisado por uma mistura de instabilidade econômica e tensão política, marcou o início de um regime autoritário no Brasil que perduraria até 1985. Durante esse período, a liberdade de expressão enfrentou severas restrições. Os Atos Institucionais, em especial, tinham precedência sobre a Constituição em vigor e buscavam legitimar as ações do governo militar.

O Ato Institucional nº 4, de 1966, levou à convocação do Congresso Nacional para substituir a Constituição de 1964 pela de 1967, que, apesar de estabelecer garantias formais à livre expressão no art. 150, não impediu a prática de censura e repressão. O artigo determinava: "É livre a manifestação de pensamento, de convicção política ou filosófica e a prestação de informação sem sujeição à censura, salvo quanto a espetáculos de diversões públicas, respondendo cada um, nos termos da lei, pelos abusos que cometer. É assegurado o direito de resposta. A publicação de livros, jornais e periódicos independe de licença da autoridade. Não será, porém, tolerada a propaganda de guerra, de subversão da ordem ou de preconceitos de raça ou de classe." O art. 171, por sua vez, estabeleceu que: *"As ciências, as letras e as artes são livres."*

Apesar do estabelecido formalmente no texto constitucional, a manifestação de pensamento e outras liberdades eram frequentemente suprimidas ou restringidas pelo governo militar, muitas vezes de forma violenta.

Essa contínua violação às normas constitucionais vigentes ficou ainda mais evidente a partir do Ato Institucional nº 5/68, o famigerado AI-5, que inaugurou o período que ficou conhecido como "anos de chumbo". Este ato deu poderes extraordinários ao governo militar, incluindo a suspensão de garantias constitucionais, a possibilidade de fechar o Congresso Nacional, e a autorização para a cassação de mandatos políticos e intervenção em estados e municípios. Foi autorizada a suspensão de direitos políticos de quaisquer cidadãos, por até 10 anos, e isso incluía a "proibição de atividades ou manifestação sobre assunto de natureza política", podendo provocar também restrições ou proibições relativamente ao exercício de quaisquer outros direitos públicos ou privados previstos na Constituição.

O regime militar intensificou a perseguição a opositores, incluindo políticos, estudantes, artistas, intelectuais e qualquer pessoa suspeita de ser contrária ao governo. Muitos foram presos, torturados, exilados ou mortos. A censura aos meios de comunicação e às artes foi intensificada. Jornais, livros, peças de teatro, filmes e músicas passaram por rigorosa censura, e muitas obras foram proibidas.

Nesse período ditatorial, foi editada, ainda, a Emenda Constitucional nº 1/69, que, em termos substanciais, outorgou um novo texto constitucional, profundamente reformador da Constituição então vigente. A Emenda de 1969 criou, no art. 153, § 8º, novas restrições à liberdade de expressão em sua parte final: "É livre a manifestação de pensamento, de convicção política ou filosófica, bem como a prestação de informação independentemente de censura, salvo quanto a diversões e espetáculos públicos, respondendo cada um, nos termos da lei, pelos abusos que cometer. É assegurado o direito de resposta. A publicação de livros, jornais e periódicos não depende de licença da autoridade. Não serão, porém, toleradas a propaganda de guerra, de subversão da ordem ou de preconceitos de religião, de raça ou de classe, e as publicações e exteriorizações contrárias à moral e aos bons costumes." O art. 179 estabeleceu: "As ciências, as letras e as artes são livres, ressalvado o disposto no parágrafo 8º do artigo 153."

Durante os mais de vinte anos de ditadura militar e de instabilidade política, as liberdades civis no Brasil foram sufocadas ou suprimidas. Os meios de comunicação, as artes e a literatura foram objeto de rigorosa e, muitas vezes, violenta censura. A propagação de certas ideias não era possível sem risco pessoal. Artistas, jornalistas e escritores, além de coragem, tinham que usar de uma grande dose de criatividade para driblar a censura e propagar suas mensagens. Várias pessoas foram torturadas e mortas por suas ideias e opiniões, consideradas subversivas e ameaçadoras ao regime.

Constituição Cidadã de 1988: O Renascimento Democrático e a Proteção da Liberdade de Expressão no Brasil

Após duas décadas sob um regime militar marcado por severas repressões de direitos fundamentais e violações de direitos humanos, o Brasil testemunhou um crescente clamor por mudanças democráticas. Este movimento ganhou força nos anos 70 e 80, culminando na dissolução do regime militar em 1985. Com a revogação dos Atos Institucionais pela Emenda Constitucional nº 11/78, a estrutura militar começou a perder força, abrindo caminho para a campanha das Diretas Já.

Apesar da rejeição da emenda para restaurar eleições diretas, a eleição indireta de Tancredo Neves em 1985 marcou um ponto decisivo, embora ele tenha falecido antes de assumir o cargo, sendo substituído pelo vice José Sarney.

Este cenário preparou o terreno para a Constituição da República Federativa do Brasil de 1988, proclamada com o objetivo de consolidar um Estado Democrático focado em garantir direitos sociais e individuais, como delineado em seu preâmbulo.

A "Constituição Cidadã", como foi apelidada pelo deputado Ulysses Guimarães, restabeleceu e expandiu os direitos individuais e sociais, atribuindo-lhes o status de fundamentais. O artigo 5º, itens IV e IX, e o artigo 220, exemplificam o compromisso com a liberdade de expressão, proibindo a censura e garantindo a liberdade da atividade intelectual e jornalística.

Essas provisões marcaram o início de uma nova era para a liberdade de expressão no Brasil, promovendo uma cultura de respeito e proteção aos direitos fundamentais e estabelecendo um pilar robusto para a democracia do país. A Constituição de 1988 não só representou um avanço jurídico significativo, mas também simbolizou a redenção de uma nação marcada, por tanto tempo, pela supressão de vozes críticas e independentes.

O papel do STF na construção da Liberdade de Expressão

Desde a promulgação da Constituição Federal de 1988, o Supremo Tribunal Federal tem desempenhado um papel fundamental, como guardião da liberdade de expressão e intérprete privilegiado do princípio que a consagra, orientando a sua aplicação e concretização. Nessa função, ele tem estabelecido, em situações concretas, alguns parâmetros e limites a essa liberdade.

Ao interpretar a Constituição, o STF oferece orientação legal que molda a maneira como a sociedade deve compreender e exercer seu direito à liberdade de expressão, reafirmando algo que é até um truísmo: esse direito não é absoluto e deve ser exercido de maneira responsável e consciente. Essa ideia já fora afirmada por Stuart Mill em 1859, quando o filósofo indicava que a liberdade em geral (e a liberdade de expressão em especial) encontra seu limite quando o seu exercício pode causar dano a outrem.[3] Mas, como já se disse em outras oportunidades, até o óbvio precisa ser dito e reafirmado.

Através de suas decisões, o STF tem enfrentado o desafio de balancear a liberdade de expressão com outros valores constitucionais, como a dignidade humana e a igualdade. A Corte Constitucional tem sinalizado a grande importância à liberdade de expressão, que, em princípio, deve sofrer restrições apenas quando estritamente necessário, e *a posteriori*, para proteger outros direitos ou interesses igualmente fundamentais.

3 MILL, John Stuart. *Sobre a liberdade*. Tradução de Pedro Madeira. Lisboa: Edições 70, 2016, p. 39.

Discurso de ódio. O *caso Ellwanger* – HC 82.424/RS (2003)

O debate inaugural sobre a criminalização do discurso de ódio no Supremo Tribunal Federal se deu no julgamento do famoso caso Ellwanger, que teve início no dia 12 de dezembro de 2002 e somente se encerrou no dia 17 de setembro de 2003.

Nesse caso, Siegfried Ellwanger, fora denunciado pelo crime de racismo, com base no art. 5º, XLII, da CF e do art. 20 da Lei de Racismo (Lei nº 7.716/89), com a redação dada pela Lei nº 8.081/90, por ter publicado, na qualidade de autor e editor, obras apontadas pela denúncia como racistas e discriminatórias contra o povo judeu.

O STF, ao julgar habeas corpus impetrado por Ellwanger contra decisão que o condenara em instância inferior, manteve a condenação, destacando que a liberdade de expressão não é um direito absoluto e não pode ser usada como escudo para a expressões de ódio racial, incluído ódio contra judeus.

O Caso Ellwanger ilustra um ponto crítico na jurisprudência do STF, que entendeu que o caso envolvia a ponderação entre o princípio liberdade de expressão, de um lado, e, do outro, os princípios da dignidade humana e da igualdade jurídica.

Anos depois, em 13 de junho de 2019, o STF, no julgamento da Ação Direta de Inconstitucionalidade por Omissão (ADO) 26 e do Mandado de Injunção 4733, equiparou ao racismo as condutas e manifestações homofóbicas e transfóbicas.

A não recepção da Lei de Imprensa (Lei 5.250/67) – ADPF 130 (2009)

Um dos casos mais emblemáticos na jurisprudência do STF envolvendo a liberdade de expressão (e de imprensa) foi, induvidosamente, o da ADPF 130, que julgou não recepcionada pela Constituição Federal a antiga Lei de Imprensa (Lei nº 5.250/67).

Nesse julgamento a Lei de Imprensa foi considerada um diploma anacrônico, criado durante o período da ditadura militar, e por isso não compatível com os princípios democráticos constantes da Constituição de 1988.

Ao considerar a liberdade de expressão como um direito preferencial "prima facie", o STF reconheceu a importância intrínseca dessa liberdade para uma sociedade democrática, estabelecendo que somente em casos excepcionais, previstos em lei e demonstrada a estrita necessidade, a liberdade de expressão pode ser restringida.

Além disso, a Corte também ressaltou que a censura prévia é incompatível com a liberdade de expressão, reforçando o princípio de que as ideias devem ser debatidas e contestadas no espaço público, em vez de serem silenciadas antecipadamente.

Assim, o julgamento da ADPF 130 representou não apenas a não recepção da antiga Lei de Imprensa, mas também lançou as bases para os critérios hermenêuticos que devem ser levados em consideração no julgamento de casos que envolvam a liberdade de expressão.

Manifestações em defesa da legalização das drogas – ADPF 187 (2011)

Outro caso emblemático é o julgamento da Arguição de Descumprimento de Preceito Fundamental (ADPF) 187, que decidiu sobre manifestações em defesa da legalização das drogas.

Nele, o STF considerou não constituir apologia ao crime previsto no artigo 287 do Código Penal a defesa da legalização das drogas, ou de qualquer substância entorpecente específica, inclusive através de manifestações e eventos públicos.

Entendeu a Corte Constitucional que a realização de manifestações pela legalização das drogas é um exercício legítimo da liberdade de expressão e do direito de reunião. O tribunal reforçou a importância do debate público e da manifestação pacífica de ideias, mesmo quando estas são contrárias à opinião majoritária.

Aqui, o STF se posicionou favoravelmente à máxima extensão da liberdade de expressão, considerando que a proibição da marcha seria uma forma de censura incompatível com a democracia.

Biografias Não Autorizadas – ADI 4815 (2015)

O julgamento da Ação Direta de Inconstitucionalidade (ADI) 4815 sobre biografias não autorizadas é outro marco na defesa da liberdade de expressão.

O STF decidiu pela inconstitucionalidade do artigo 20 do Código Civil, que exigia autorização prévia do biografado ou de sua família para a publicação de biografias.

Observou a Corte Constitucional que a liberdade de expressão é essencial para a formação e preservação da cultura e da história. Esse é um fundamento que se conecta de forma estreita com o direito à publicação de obras bibliográficas. Tais obras são parte importante da herança cultural da sociedade, que é construída pelas diversas personalidades que dela fazem parte. Saber sobre a vida desses personagens, com suas vitórias e derrotas, seus erros e acertos, suas qualidades e defeitos, é importante para compreender a própria sociedade em que vivemos.

Acrescentou o acórdão que a atribuição de especial proteção à liberdade de expressão encontra sua justificativa na história recente do Brasil. Durante os mais de vinte anos de ditadura militar e de instabilidade política, as liberdades civis no Brasil foram suprimidas ou sufocadas. Os meios de comunicação, as artes e a literatura foram objeto de rigorosa e, muitas vezes, violenta censura. A propagação de certas ideias não era possível sem risco pessoal. Artistas, jornalistas e escritores, além de coragem, tinham que usar de uma grande dose de criatividade para driblar a censura e propagar suas mensagens.

A redemocratização, portanto, demandava um novo e forte compromisso com as liberdades e com os direitos e garantias sociais e individuais. O compromisso assumido pelo Constituinte com a democracia demandava essa posição, de completa e radical proibição à censura. O sentimento predominante na população e entre os constituintes era o de que, sem a exclusão de todo e qualquer tipo de censura, não haveria que falar, verdadeiramente, em liberdade. Esse sentimento se reflete no texto constitucional, que enfatizou a necessidade de uma liberdade de expressão ampla a robusta.

Reconhecer que a liberdade de expressão ocupa um espaço privilegiado dentre os direitos fundamentais significa que há sempre uma presunção relativa de legitimidade em favor dessa liberdade.

Por essas razões, o Tribunal entendeu que a exigência de autorização prévia do biografado ou seus familiares violava o direito à liberdade de expressão e informação.

Sátira Religiosa. O Caso Porta dos Fundos – Reclamação 38782/RJ (2020)

Outro caso importante, envolveu a exibição do vídeo "Especial de Natal Porta dos Fundos: A Primeira Tentação de Cristo", (2019), produzido pelo grupo humorístico Porta dos Fundos, que fez uma sátira com figuras da religião cristã, o que gerou reações negativas e até agressivas de várias pessoas, que consideraram o vídeo desrespeitoso à fé cristã.

Uma entidade religiosa ajuizou ação civil pública no TJRJ, postulando suspender a exibição do filme da plataforma de streaming Netflix, alegando que o vídeo feria sentimentos religiosos e desrespeitava crenças ao retratar uma sátira sobre a vida de Jesus Cristo.

O TJRJ concedeu uma liminar, determinando a suspensão da exibição do vídeo. No entanto, o Supremo Tribunal Federal (STF), atendendo a uma Reclamação (Reclamação 38.782/RJ) apresentada pela Netflix, suspendeu a decisão do TJRJ.

O STF entendeu que a suspensão do vídeo constituía uma espécie de censura prévia, incompatível com a liberdade de expressão protegida pela Constituição. A corte também ressaltou que a sátira e a crítica são elementos importantes do debate público em uma sociedade democrática.

Observou que "o conceito de arte possui sentido amplo, incluindo-se aí obras provocativas, que pretendam atingir fins políticos ou religiosos, também por meio de sátiras."

Acrescentou também que a retirada de circulação material apenas porque seu conteúdo desagrada parcela da população, ainda que majoritária, não encontra fundamento em uma sociedade democrática e pluralista como a brasileira.

Inexistência de Direito ao Esquecimento – RE 1.010.606/RJ (2021)

No julgamento do Recurso Extraordinário nº 1.010.606/RJ, o STF rejeitou a ideia de um direito ao esquecimento na ordem constitucional brasileira.

O caso concreto envolvia um programa de televisão chamado "Linha Direta: Justiça", que, revisitando alguns crimes de repercussão nacional, relembrou fatos criminosos que levaram à morte de uma jovem, no ano de 1958. A ação foi ajuizada pelos irmãos da vítima, que invocaram o "direito ao esquecimento" em relação à memória da irmã.

O STF, no julgamento de Recurso Extraordinário, entendeu que: "A previsão ou aplicação do direito ao esquecimento afronta a liberdade de expressão." Observou que: "O caso concreto se refere ao programa televisivo Linha Direta: Justiça, que, revisitando alguns crimes que abalaram o Brasil, apresentou, dentre alguns casos verídicos que envolviam vítimas de violência contra a mulher, objetos de farta documentação social e jornalística." Acrescentou que: "Não cabe a aplicação do direito ao esquecimento a esse caso, tendo em vista que a exibição do referido programa não incorreu em afronta ao nome, à imagem, à vida privada da vítima ou de seus familiares.

O acórdão do STF aprovou a seguinte tese: "É incompatível com a Constituição a ideia de um direito ao esquecimento, assim entendido como o poder de obstar, em razão da passagem do tempo, a divulgação de fatos ou dados verídicos e licitamente obtidos e publicados em meios de comunicação social analógicos ou digitais. Eventuais excessos ou abusos no exercício da liberdade de expressão e de informação devem ser analisados caso a caso, a partir dos parâmetros constitucionais - especialmente os relativos à proteção da honra, da imagem, da privacidade e da personalidade em geral - e das expressas e específicas previsões legais nos âmbitos penal e cível."

Desafios à Liberdade de Expressão na Era Digital

As últimas décadas do Século XX ficaram marcadas pelo surgimento de um acelerado desenvolvimento científico e tecnológico. Esse movimento surgiu com a ampliação do acesso a computadores pessoais e redes de informação digital conectadas.

As novas tecnologias trouxeram várias mudanças, principalmente no campo das comunicações e das interações sociais. Essas mudanças deram início à Era Digital ou Era da Informação.

Informações sobre praticamente todo e qualquer assunto passaram a ser acessíveis a quem tivesse um computador pessoal conectado à internet. Todas essas mudanças transformaram radicalmente o meio, a forma e a velocidade com que nos comunicamos e trocamos informações.

Hoje, dispositivos conectados a ferramentas dotadas de inteligência artificial encontram-se presentes em aparelhos e objetos que já fazem parte do nosso cotidiano, como laptops, tablets, telefones e relógios inteligentes, os quais nos deixam quase que permanentemente conectados com pessoas em todos os lugares do mundo.

Os primeiros anos dessa "nova Era" vieram acompanhados de um grande otimismo com essas mudanças, que foram vistas como formas de democratização da comunicação de massa. Afinal de contas, passamos de uma sociedade em que os meios de comunicação social eram controlados por uma elite, composta pelos donos dos meios tradicionais de comunicação (o jornal impresso, a televisão e o rádio), para uma sociedade em que a comunicação passou a ser descentralizada. Hoje, qualquer um tem ao alcance dos dedos o poder de produzir e publicar conteúdo, alcançando um número imenso de pessoas.

Nesses primeiros anos, a internet mostrou a sua vocação democrática. As redes sociais foram catalisadoras de movimentos pró-democracia, como os da "Primavera Árabe", onda revolucionária de protestos e manifestações que começou em 2010 na Tunísia e seguiu para todo o norte da África e para o Oriente Médio.

As redes sociais desempenharam um papel importante em movimentos contra ditaduras. Através da Internet as pessoas puderam canalizar suas críticas contra autoridades, denunciar abusos, agendar e realizar ações de protesto, em um tipo de ação que foi denominado de *ciberativismo*.

Todo esse otimismo com a internet e as redes sociais deu lugar a preocupações após o ano de 2016, quando ocorreram as eleições presidenciais nos Estados Unidos e o referendo do Brexit, que levou à saída do Reino Unido da União Europeia.

Constatou-se que a internet e as redes sociais passaram a ser usadas para campanhas de desinformação em massa, microdirecionamento de propagandas eleitorais, discursos de ódio, disseminação de mensagens antidemocráticas e proliferação de conteúdo ilícito.

Esses problemas se repetiram em outros países, incluído o Brasil, que também viu a internet se tornar instrumento de postagens abusivas de todo tipo.

Atualmente, a internet, a despeito de todas as vantagens que trouxe, tem sido utilizada como máquina de disseminação, em larga escala, de discursos de ódio e notícias fabricadas. Mensagens discriminatórias circulam nas redes sociais, em chats, blogs, podcasts, serviços de compartilhamento de vídeos, e outros canais de comunicação digital.

Contribuíram para isso, em grande medida, a possibilidade de anonimato e a grande velocidade na disseminação de mensagens pela via digital. Criou-se uma sensação de poder e de impunidade que, alimentada pela ignorância e pelo preconceito, leva à propagação desses conteúdos raivosos e discriminatórios.

A desinformação não é algo novo na comunicação humana. Mas ela se potencializou na Era Digital, ganhando uma grande dimensão.[4]

As chamadas *fake news* se tornaram um problema de saúde pública durante a pandemia de Covid-19, com a disseminação de informações falsas de vários tipos. Muitas postagens buscaram minimizar os riscos trazidos pelo novo vírus. Outras apontavam para falsos perigos em re-

4 ANDRADE, André Gustavo Corrêa de. Desinformação na Era Digital. *Revista da Ajuris*, v. 49, nº 153 (2022), p. 37-66. Disponível em: <https://revistadaajuris.ajuris.org.br/index.php/REVAJURIS/article/view/1333/841>.

lação às vacinas aprovadas pelos órgãos de saúde. Outras, ainda, recomendavam o uso ou emprego de substâncias totalmente ineficazes para combater a pandemia.

A OMS – Organização Mundial de Saúde, em 2020, em um relatório sobre a Covid-19, se referiu a essa onda de informações falsas sobre a pandemia como uma "infodemia".[5]

O discurso de ódio, que passou a ser disseminado em grande escala através das plataformas digitais, atinge a dignidade e os direitos de indivíduos e grupos, podendo incitar violência e discriminação.

Ao mesmo tempo, mensagens antidemocráticas que desafiam as instituições e promovem teorias da conspiração ameaçam as fundações da ordem democrática.

Novas soluções para novos desafios

As plataformas digitais, essenciais na disseminação de informações, carecem de regulação adequada, contribuindo para os problemas de desinformação e discurso de ódio. A falta de literacia digital complica ainda mais este cenário, pois muitos usuários têm dificuldade em identificar fontes confiáveis e entender o contexto das informações que recebem.

Há a percepção de que as estruturas jurídico-legais existentes são ineficientes para lidar com o problema da desinformação, dos discursos de ódio, das mensagens preconceituosas e extremistas e outros abusos.

As soluções para esses problemas parecem, inevitavelmente, passar por um modelo de "autorregulação regulada", como o que se ora se inicia na União Europeia.

Um modelo desse tipo deve envolver o estabelecimento de diretrizes rigorosas para a moderação de conteúdo, que continuaria a ser realizada pelas próprias plataformas digitais, mas com a supervisão por uma entidade independente.

Dentro deste modelo de autorregulação regulada, é fundamental, para assegurar a liberdade de expressão, que haja a criação de uma entidade independente, não vinculada ou controlada pelo governo. Uma entidade que seja composta, majoritariamente ou exclusivamente, por

5 Veja-se, a respeito: <Infodemia-e-a-COVID-19---A-informacao-como-instrumento-contra-os-mitos.pdf (artigo19.org)>.

membros da sociedade civil, com autonomia e independência em relação ao Poder Público.

Esta entidade seria a responsável por monitorar e avaliar a eficácia da moderação de conteúdo pelas plataformas, garantindo a remoção de mensagens ilegais e abusivas, sempre com o cuidado para que não haja discriminações ou favorecimentos.

Outro ponto importante a ser observado em tal modelo é a garantia de transparência algorítmica. Atualmente, os usuários e os órgãos reguladores têm pouco ou nenhum conhecimento sobre como os filtros digitais e os algoritmos das plataformas funcionam.[6]

Um sistema de autorregulação regulada deve incluir mecanismos para tornar esses algoritmos transparentes, permitindo auditorias independentes e fornecendo aos usuários informações claras sobre como o conteúdo das mensagens é filtrado e classificado.

É claro que um tal sistema não estará isento de desafios. A implementação de um modelo de regulação das plataformas digitais, que assegure uma moderação de conteúdo eficaz, objetiva e transparente, que não traga uma restrição indevida à liberdade de expressão de opiniões e ideias é um grande desafio. Mas é um desafio que, creio, deve ser enfrentado, em prol de uma Internet livre, responsável e transparente.

A proteção eficaz da liberdade de expressão e a manutenção da integridade do discurso público na Era Digital dependem da implementação de medidas que garantam um ecossistema informacional onde a liberdade de expressão possa prosperar sem ser minada por abusos e manipulações.

Liberdade com responsabilidade

A trajetória da liberdade de expressão é marcada por uma série de lutas, derrotas e conquistas. No Brasil, essa trajetória é especialmente conturbada, refletindo o difícil percurso da sociedade brasileira em busca de uma democracia madura e consolidada. Ao longo da história, tanto no Brasil quanto no mundo, a liberdade de expressão enfrentou ameaças

6 Sobre como os filtros digitais e os algoritmos são utilizados para manipular as informações a que temos acesso na internet, veja-se: FISHER, Max. *A Máquina do Caos*. Editora Todavia, 2023; O'NEIL, Cathy. *Algoritmos de Destruição em Massa*. Editora Rua do Sabão, 2021.

constantes de governos autoritários e tirânicos. Paradoxalmente, nos dias atuais, a liberdade de expressão é frequentemente instrumentalizada por políticos e personalidades que, de maneira cínica, invocam uma noção distorcida de liberdade ilimitada para justificar a disseminação de discurso de ódio, desinformação e ataques às instituições democráticas.

Esses atores exploram a abertura proporcionada pelas plataformas digitais para propagar mensagens que minam a coesão social e instigam violência e discriminação. Tal uso deturpado não só ameaça a integridade do debate público, mas também coloca em risco a própria essência da democracia, que depende de uma liberdade de expressão exercida com responsabilidade e respeito aos direitos de todos.

A disseminação do discurso de ódio, a polarização política e a desinformação são fatores cruciais que contribuem para essas crises. Nos Estados Unidos, falsas alegações de fraude eleitoral incitaram a ira e o descontentamento, culminando em um ataque violento ao coração da democracia. No Brasil, teorias conspiratórias sobre fraudes eleitorais também alimentaram atos similares de violência e desrespeito às instituições democráticas. A invasão do Capitólio nos Estados Unidos em 6 de janeiro de 2021 e os ataques aos prédios dos três Poderes no Brasil em 8 de janeiro de 2023 servem como lembretes potentes de que a democracia requer vigilância constante. Esses episódios não apenas destacam a vulnerabilidade das instituições democráticas, mas também a necessidade imperativa de comprometimento com os princípios democráticos e o exercício responsável da liberdade de expressão.

Tais incidentes ressaltam a importância de um engajamento cívico bem-informado e de uma educação democrática robusta. Uma população capacitada, apta a diferenciar fatos de opiniões e notícias verdadeiras de desinformação, é essencial para a saúde de qualquer democracia.

A liberdade de expressão e a democracia são indissociavelmente ligadas; uma não pode existir sem a outra. A educação cívica contínua, o combate à desinformação e a promoção de um espaço público onde prevaleçam discussões informadas, que possibilitem um debate saudável e o respeito pelos princípios democráticos, são indispensáveis para a manutenção e o fortalecimento da democracia brasileira e o enfrentamento dos inúmeros desafios sociais.

Uma liberdade de expressão tão livre quanto responsável é o alicerce sobre o qual uma sociedade democrática deve ser construída.

Capítulo 2

Liberdade e Direitos Reprodutivos: Eu, Dona de Mim

Rayra Pereira Buriti Santos
Michele Gonçalves da Costa
Maria Helena Barros de Oliveira

> *"Não serei livre enquanto alguma mulher for prisioneira, mesmo que as correntes dela sejam diferentes das minhas."*
>
> Audre Lorde

Este capítulo busca tratar de liberdade e direitos reprodutivos sem a pretensão de esgotar a discussão sobre o tema. Procuramos fazer um recorte temporal e localizado, para abordarmos a evolução desse assunto no Brasil, pontuando algumas situações internacionais que influíram e refletiram em ações nacionais. Para isso, iremos fazer um breve percurso histórico sobre o tema e em seguida traremos quatro casos reais que ganharam repercussão na mídia para discutirmos a liberdade e os direito reprodutivos propostos neste capítulo.

Iniciamos a discussão a partir da definição de liberdade, que segundo Ximenes (2000, p.579), é: "1. Condição de quem é livre. 2. Faculdade de decidir e agir segundo a própria determinação; livre-arbítrio. 3. Independência, emancipação". Para Abraham Lincoln "Aqueles que negam liberdade aos outros não a merecem para si mesmos".

Partindo do pressuposto que sujeito é o homem branco, cis-normativo, eurocêntrico e que a mulher é o outro, conforme entende Beauvoir (2019), podemos apontar quem detém o poder de ter para si a liberdade e quem tem este direito negado. Cabe ressaltar a presente intersecção de raça, gênero e classe quando se fala do outro e, para isso, destaca-se a compreensão de Kilomba (2019) quanto a outridade decorrente do racismo, colocando as pessoas negras (somatório de pretas e pardas) nesta posição. Dito isso, cabe refletirmos: nós mulheres, somos livres? Temos o livre-arbítrio sobre nossos corpos? Quão distante da liberdade estão as mulheres negras, indígenas, lésbicas, trans, pobres e/ou com deficiências, por exemplo?

A luta por direito à liberdade ganha grande repercussão com fatos históricos que perpassam pela Revolução Francesa com seu lema: "*Liberté, Egalité, Fraternité*", pela abolição da escravidão nas Américas até a atual luta pelo abolicionismo penal, manicomial e pelo abortamento legal, situações exemplificativas que a liberdade, mesmo sendo um direito fundamental, não está dada, é uma luta permanente e contínua (DAVIS, 2018) principalmente para os grupos historicamente marginalizados.

Com o fim da Segunda Guerra mundial, a Organização das Nações Unidas – ONU (1948) escreveu a Declaração Universal dos Direitos Humanos, a qual diversos países são signatários, sendo um marco internacionalmente reconhecido para o direito de todo ser humano. A Declaração apresenta em seus artigos que todos somos livres e iguais em direitos, mensurando o grau de importância em preservar e assegurar o direito à liberdade individual e coletiva de todos os indivíduos, sem distinções e/ou preconceitos.

Como marco nacional, a atual Constituição Federal de 1988 (BRASIL, 2022. p.13), apresenta a liberdade como um direito fundamental e está presente no Art. 5º da mesma, o qual expõe: "Todos são iguais perante a lei, sem distinção de qualquer natureza, garantindo-se aos brasileiros e aos estrangeiros residentes no País a inviolabilidade do direito à vida, à liberdade, à igualdade, à segurança e à propriedade".

Direitos de igualdade e liberdade caminham lado a lado, de modo que, as lutas feministas por igualdade de gênero, liberdade e autonomia sobre si e seu corpo são constantes e fazem parte dos pontos de pauta para garantia do direito à saúde da mulher, em especial dos direitos sexuais, reprodutivos, do direito ao aborto legal e dos direitos, não obstante, ao voto e a ser representada por seus pares no âmbito político, ao trabalho igualmente remunerado e tantas outras liberdades cerceadas pela sociedade colonial, patriarcal e machista que sustenta o pensamento e as condutas conservadoras e preconceituosas ainda presentes no país.

Como refere Davis (2018) em seu livro *A liberdade é uma luta constante*, a liberdade da mulher sobre o próprio corpo segue nessa mesma perspectiva. E para tratarmos sobre a temporalidade das lutas, conquistas e percalços referente as questões reprodutivas no Brasil, faz-se importante diferenciarmos alguns conceitos que não se equivalem, mas que por vezes se confundem, sendo eles: direito reprodutivo, direito sexual e justiça reprodutiva.

De acordo com Mattar (2008, p.61): "Os direitos reprodutivos referem-se, resumidamente, ao direito de decidir livre e responsavelmente sobre o número, o espaçamento e a oportunidade de ter filhos, bem como o direito a ter acesso à informação e aos meios para a tomada desta decisão". A mesma autora faz a diferenciação e afirma: "Já os direitos sexuais dizem respeito ao direito de exercer a sexualidade e a reprodução livre de discriminação, coerção ou violência". Deliberar sobre ter filhos, como tê-los, quando e quantos ter, são escolhas diferentes de decidir com quem se relacionar sexualmente, com quantos parceiros(as) e sua identidade de gênero, mas que são tão importantes e singulares quanto.

Diferente ainda, dos dois conceitos anteriores, um coletivo de mulheres negras nos Estados Unidos da América (EUA), em 1997, refletiu sobre a centralidade do racismo na discussão acerca das questões reprodutivas, e entendeu que as mulheres negras sofrem mais incisivamente na luta referente aos direitos de autonomia e liberdade sobre seus próprios corpos. De tal modo, apontou a necessidade de discutir sobre a justiça reprodutiva como "o direito humano de se manter a autonomia corporal pessoal, de ter filhos e de não ter filhos, e de educar os filhos que temos em comunidades seguras e sustentáveis" (Coletivo SisterSong, 1997), evidenciando como as intersecções de raça e gênero atuam na vida das mulheres negras e sobre seus corpos.

Para seguirmos na linha histórica sobre os direitos reprodutivos das mulheres brasileiras, dois pontos são pertinentes para refletirmos quanto a essa discussão: o capitalismo e o racismo.

O capitalismo se apresenta como uma busca incessante pelo lucro e, para tal, precisa de mão de obra, de um exército de reserva. Neste ponto, Gonzalez (2020) nos expõe com bastante precisão como o capitalismo estava de mãos dadas com o colonialismo, provocando sofrimento e ausência de liberdade sobre as mulheres da *Améfrica Ladina*, em especial as do Brasil, com a exploração dos corpos indígenas e negros no país, com grande parte dos povos indígenas sendo violentados e dizimados durante a colonização, enquanto os povos negros eram trazidos através do tráfico negreiro de África para a manutenção da mão de obra em regime de escravidão.

Nessa conjuntura, as mulheres negras que aqui chegaram eram tratadas de maneira objetificada, elas eram entendidas como corpos para o trabalho e para multiplicação de mão de obra, sendo violentadas, torturadas, tendo seus filhos vendidos como objetos mercantis enquanto eram amas de leite dos filhos da "casa grande". Além disso, os estupros que as mulheres negras sofriam pelos "senhores", homens brancos detentores da liberdade era mais uma das práticas de dominação, desumanização e violação desses corpos.

Por muito tempo, a colonização e o capitalismo se sustentaram de forma mútua, promoveram hegemonia dos corpos brancos utilizando-se do racismo e provocaram a dominação dos corpos femininos, especialmente negros e indígenas, que refletem em consequências estruturais até hoje, de modo a subjugar as mulheres e expor seus corpos a maiores vulnerabilidades sociais e de gênero, por conta da raça e da etnia.

Com a "separação" geopolítica e econômica em países do norte e sul global, tendo cada nação sua soberania, as sociedades do "terceiro mundo" baseadas em ideais capitalista e heranças coloniais, decidiram pela manutenção dos privilégios brancos através da dominação, da hegemonia cisheteronormativa e patriarcal utilizando, para isso, o controle dos corpos. No Brasil, o controle de natalidade por meios coercitivos, eugenistas, capitalistas, baseado na esterilização de corpos femininos, principalmente dos corpos negros, pobres e periféricos veio à tona com muita força, trajado por um discurso de controle da pobreza.

Sobre isso, Damasco, Maio e Monteiro (2012) nos mostram duas vertentes que conflituavam na época: de um lado, especialistas com perspectivas eugenistas, na busca de controle dos corpos através de métodos contraceptivos, por meio da realização de práticas de esterilização e anticoncepção prolongada em mulheres.

A ideia que perpetuava na época era a de subdesenvolvimento, pobreza, analfabetismo, mortalidade infantil e instabilidade política relacionada à natalidade e a reprodutividade das mulheres negras e pobres. Sendo necessário o controle demográfico através da contenção de natalidade, reafirmada pela expansão farmacêutica com métodos contraceptivos, por métodos hormonais, cirúrgicos e pelo planejamento familiar com foco no controle dos corpos das mulheres.

Em contraposição, tinha-se a igreja com o pensamento cristão de reprodução para procriação e a condenação do uso de métodos contraceptivos. Contudo, o movimento feminista negro, se manifestava na luta pela emancipação do corpo, do movimento da reforma sanitária e dos profissionais de saúde que se engajavam nesta pauta, os quais buscavam expor como as medidas de controle de natalidade subjugavam os corpos femininos e os moldavam, limitando suas liberdades.

Com o engajamento da reforma sanitária, a luta pelo direito integral à saúde das mulheres recebeu novas perspectivas, não mais com uma abordagem de controle de corpos e sim como direito de autonomia, de liberdade e escolha. É desta forma que no governo Figueiredo é implementado o Programa de Assistência Integral à Saúde da Mulher – PAISM (BRASIL, 1984. p.59), que afirma: "Humanizar e qualificar a atenção em saúde é aprender a compartilhar saberes e reconhecer direitos".

O PAISM busca destacar a promoção e prevenção de saúde, um olhar atento à assistência em todo ciclo de vida da mulher e no planejamento familiar, para que a mulher possa decidir sobre querer ou não engravidar, em escolher sobre qual método contraceptivo deseja utilizar, atenta-se para a prevenção de infecções sexualmente transmissíveis e demais doenças que as atingem em particular. Neste período as políticas públicas de cuidado à saúde da mulher ganham destaques no cenário nacional.

Jannotti, Siqueira e Silva (2007) pontuam que com a abertura de novas perspectivas, mulheres sanitaristas e feministas começaram a se apropriar de espaços no Estado para além de atuar como um movimento social, agindo dentro do sistema, na assistência para conformação das políticas públicas. Esse espaço afirmado por feministas brasileiras possibilitou escrever materiais técnicos com um olhar pautado na igualdade de gênero e no direito das mulheres, contribuindo para a criação de uma Constituição Federal mais justa e equitativa.

Foi nesse período que ocorreu a formação do Conselho de Direito da Mulher e a Carta das Mulheres Brasileiras aos Constituintes em 1987, os quais demonstraram avanços nas discussões para a garantia do direito parcial ao aborto legal no Brasil e posteriormente para elaboração da Lei Orgânica do SUS.

Neste contexto, tem-se a promulgação da Constituição Federal de 1988 (BRASIL, 2022, p.110), vigente atualmente, cuja traz em seu texto quatro artigos direcionados a área da saúde. O Art.196 é basilar e infere que: "A saúde é direito de todos e dever do Estado, garantido mediante políticas sociais e econômicas que visem à redução do risco de doença e de outros agravos e ao acesso universal e igualitário às ações e serviços para sua promoção, proteção e recuperação". Garantindo o princípio fundamental de uma saúde pública e universal.

Oliveira et al. (2019) complementam enfatizando a relevância da compreensão ampliada de saúde como um direito fundamental e, sobretudo, como um direito humano que deve atingir a todos, de maneira equânime, principalmente aos grupos mais vulnerabilizados, pois, quando tal direito é violado amplia-se as iniquidades sociais que assolam o país e reflete ao exacerbar os problemas de saúde enfrentados pela população.

Com o intuito de maior seguridade social e para consolidar os direitos legais de saúde no país, há promulgação da Lei Orgânica de Nº 8.080 em 1990 que rege sobre o Sistema Único de Saúde (BRASIL, 1990), cuja tem seu texto alterado e acrescido pela Lei Nº 11.108 de 2005 para se atentar aos cuidados à mulher, entre eles, a hora do parto, ao afirmar que: "Art. 19-J. Os serviços de saúde do Sistema Único de Saúde - SUS, da rede própria ou conveniada, ficam obrigados a permitir a presença, junto à parturiente, de 1 (um) acompanhante durante todo o período de trabalho de parto, parto e pós-parto imediato", tendo a mulher o direito de escolha do seu acompanhante, no entanto, até hoje há recorrentes entraves e percalços na assistência para que esse direito seja garantido à todas as mulheres e elas não vivenciem a experiência do parto sozinhas e não sejam silenciadas e violentadas neste momento.

Nos anos 90, outros marcos históricos foram de grande relevância na luta das mulheres por seus direitos reprodutivos. Damasco (2017) traz para a discussão o Seminário Nacional Políticas e Direitos Reprodutivos das Mulheres Negras, o qual aconteceu em Itapecerica da Serra em 1993, idealizado pelo coletivo de mulheres negras que discutiram questões relacionadas à saúde reprodutiva das mulheres negras no Brasil, com atenção à esterilização massiva de mulheres negras desde os anos 80.

Damasco (2017) ressalta a importância deste seminário e como ele influenciou no âmbito parlamentar à criação da Comissão Parlamentar Mista de Inquérito – CPMI. Este teve como referência a deputada federal, na época, Benedita da Silva (PT/RJ) e a militante negra Luiza Bairros, para investigar se o processo de esterilização se configurava como política eugênica direcionada especialmente para a população negra no país.

No ano seguinte, 1994, aconteceu a Conferência Internacional sobre População e Desenvolvimento (CIPD), no Cairo, de grande impacto para decisões em diversas nações sobre os direitos humanos, os direitos reprodutivos e a igualdade de gênero, por exemplo. Como reflexo, no Brasil, desse grande encontro, adveio a formação da Lei do Planejamento Familiar Nº 9.263 de 1996.

A Lei do Planejamento Familiar traz em seu texto uma ampliação do olhar sobre a autonomia e liberdade de escolha referente a querer ou não ter filhos, as escolhas do casal quanto aos métodos contraceptivos, além de proteger as parturientes contra procedimentos de esterilização no pós-parto evitando consentimento das mulheres sob efeitos anestésicos. Contudo, o mesmo texto evidencia como o direito brasileiro está enraizado no patriarcado, ao trazer em seu Art.10 § 5º (BRASIL, 1996) que: "Na vigência de sociedade conjugal, a esterilização depende do consentimento expresso de ambos os cônjuges", ressaltando a importância da assinatura do homem sobre decisões referentes ao corpo da mulher.

Foi apenas em 2022 que essa discussão ganhou força de lei no parlamento brasileiro, através da Lei nº 14.443. Com a lei ocorreu alterações de alguns quesitos do âmbito do planejamento familiar, no que tange flexibilizar a realização do processo cirúrgico de laqueadura no pós-parto, caso a pessoa gestante faça a solicitação no prazo mínimo de 60 dias anterior ao parto, além de permitir a laqueadura a partir dos 21 anos de idade e retirar a exigência da assinatura do cônjuge para que ocorra o procedimento cirúrgico, condições essas que garantem autonomia às mulheres sobre seus corpos e rompe com decisões machistas.

Retomando o percurso histórico, cabe reafirmar nesta discussão que desde a colonização o acesso à saúde das mulheres no Brasil não aconteceu de maneira homogênea. Existe um processo histórico-social-racial marcado por vulnerabilidades sociais e intersecções de raça, classe, gênero, sexualidade, religião que atravessam as mulheres de maneira distinta e impactam nos processos de determinação social da saúde das mesmas, de modo que, as mulheres negras, indígenas, lésbicas e trans, por exemplo, apresentam demandas de saúde que necessitam de um olhar específico e atento.

A luta das mulheres negras por direito à saúde, por autonomia e por serem respeitadas em suas especificidades ganha força com a Política Nacional de Saúde Integral da População Negra – PNSIPN, sancionada em maio de 2009. A política, reconhece o racismo e suas expressões como determinantes sociais na saúde, revela as iniquidades nos processos de saúde e doença da população negra, em que as taxas de mortalidade materna são maiores entre as mulheres negras, se comparado às brancas, e seus filhos morrem mais por desnutrição em comparação com as crianças brancas de mesma faixa etária, expondo-as a maiores riscos de vida e das futuras gerações também (BRASIL, 2013).

Estudos corroboram com dados da PNSIPN (BRASIL, 2013) e revelam piores níveis assistenciais em saúde no parto e puerpério quando se trata de mulheres negras. Quanto mais escura a cor da pele, maiores são os descasos e as implicações de racismo nas instituições de saúde. Sobre isso, o estudo de Leal et al. (2017) expõe:

> [...]foram verificados piores indicadores de atenção pré-natal e parto nas mulheres de cor preta e parda, em comparação às brancas. Mulheres pardas e pretas sofreram menos intervenções obstétricas no parto que as brancas; no entanto as pretas receberam menos anestesia local quando submetidas à episiotomia. Apesar de pardas e pretas possuírem similaridades, a adequação do pré-natal e vinculação à maternidade para as mulheres pretas se mostrou pior (LEAL et al, 2017. p. 5-6).

Outro ponto importante na atenção a assistência à saúde das mulheres negras, de como o racismo impacta e torna-se barreira para esse atendimento, é explicitada por Góes, Ferreira e Ramos (2022) ao inferirem que o racismo obstétrico tem impacto negativo na vida reprodutiva das mulheres negras. Resultados do estudo revelam que as gestantes e puérperas pretas e pardas apresentam maior letalidade por COVID-19 quando comparada às mulheres brancas. Para as mulheres pretas a chance de óbito materno durante o puerpério foi 62% maior em relação às brancas.

A PNSIPN (BRASIL, 2013) é uma grande conquista dos movimentos negros, para que a assistência à saúde prestada a este público seja planejada e executada de acordo com o panorama epidemiológico e com vistas ao enfrentamento do racismo e suas expressões no âmbito da saúde. No entanto, uma crítica ainda é pertinente, não à política diretamente, mas a quem a aplica na assistência, visto que, as necessidades de saúde dessa população é, por vezes, invisibilizadas por quem lhes assiste. A reduzida representatividade de profissionais de medicina negros(as), por exemplo, é uma questão que precisa continuar sendo enfrentada pela sociedade brasileira, para romper o racismo estrutural e possibilitar, cada vez mais, o acesso a locais de poder e representação para seus pares.

Tratando dos percalços sofrido pelas mulheres, principalmente as negras, referente ao direito à liberdade sobre seus corpos, saúde e a justiça reprodutiva, alguns casos atuais são emblemáticos e tiveram repercussão nacional sobre tal assunto, para isso, vamos abordar quatro casos – entre os anos de 2002 e 2022 – para compreendermos como a liberdade e os direitos reprodutivos das mulheres estão em risco na sociedade brasileira.

Antes de apresentamos o primeiro caso, um relato sobre violência obstétrica e racismo institucional, cabe destacar "que as mulheres negras experimentam é chamada discriminação interseccional, que a interação das opressões de raça e gênero, uma opressão potencializa a outra [...] e a forma de adoecer e morrer para as mulheres negras tem se apresentado de forma mais violenta e letal" (Góes e Sousa, 2020, p.51). O que nos desperta para a realidade da mulher negra sofrer dupla discriminação: por ser mulher e por ser negra.

Além de serem as principais vítimas na peregrinação para conseguir atendimento ao parto, são as que mais esperam para serem assistidas, as mais sujeitas à violência obstétrica e as que sentem mais dor nos procedimentos assistenciais por receberem menos anestesias, como nos lembra Leal et al. (2017). Fatos esses que expõem o racismo institucional nas práticas dentro dos serviços de saúde.

Frente a isso, o *Center for Reproductive Rights* (2018) relata que em 2002, Alyne Pimentel, uma mulher negra de 28 anos, que estava na 27ª semana de uma gestação de alto risco, sofreu racismo institucional. Durante o atendimento a gestante sofreu negligência e discriminação durante a assistência ao parto, ocasionando a cirurgia de um natimorto e posteriormente a consequente morte materna.

O caso da Alyne Pimentel foi o primeiro que, individualmente, levou o Brasil a um órgão de direitos humanos da Organização das Nações Unidas - ONU, sendo condenado, em 2011, pelo comitê da Convenção para a Eliminação de todas as formas de Discriminação contra as Mulheres (CEDAW) como responsável pela morte materna.

Esse caso da Alyne Pimentel evidencia como o racismo institucional nos ambientes de saúde reflete o racismo estrutural presente no Brasil. Sobre isso, Almeida (2019. p.30) afirma: "Assim como a instituição tem sua atuação condicionada a uma estrutura social previamente existente – com todos os conflitos que lhe são inerentes –, o racismo que essa instituição venha a expressar é também parte dessa mesma estrutura", pois coexistem.

A violência obstétrica e a mortalidade materna não são as únicas expressões do racismo estrutural e institucional dos ambientes de saúde. Góes et al. (2020. p.1), alertam para a peregrinação enfrentada pelas "mulheres com abortamento, as quais enfrentam barreiras individuais, sociais e estruturais, expondo-as a situações de vulnerabilidades. São as negras as mais expostas a essas barreiras, desde a procura pelo serviço até o atendimento".

Além da violência obstétrica, a violência sexual marca fortemente a vida das mulheres brasileiras em todos os ciclos da vida. Segundo dados do Fundo das Nações Unidas para a Infância – UNICEF em conjunto com o Fórum Brasileiro de Segurança Pública (2021), entre 2017 e 2020, dos casos de estupro e estupro de vulnerável notificados pelo país, entre pessoas de 0 a 19 anos, 81% ocorreram com crianças e adolescentes de até 14 anos de idade, com maior ocorrência entre 10 e 14 anos. As meninas representam aproximadamente 80% das vítimas de violência sexual e a maioria dos casos ocorrem na residência da vítima.

O Brasil é um país com liberação parcial para o direito ao aborto legal. Desde 1940 o Código Penal Decreto Lei nº 2.848 traz em seu Art. 128 que não se pune o aborto praticado por médico em duas situações: "Aborto necessário I - se não há outro meio de salvar a vida da gestante; Aborto no caso de gravidez resultante de estupro II - se a gravidez resulta de estupro e o aborto é precedido de consentimento da gestante ou, quando incapaz, de seu representante legal" (BRASIL, 1940). Para além, por decisão do Supremo Tribunal Federal – STF (2012), através de uma Arguição de Preceito Fundamental - ADPF 54, afastou a criminalização no caso de gestação de feto com anencefalia.

No entanto, mesmo em face de um direito garantido em casos de estupro, a liberdade das pessoas que gestam, sobre seus corpos ao decidirem pelo abortamento, é tolhida. O segundo caso real a ser apresentado versa sobre essa questão e aconteceu em 2020.

Starr (2020) nos conta que uma criança de 10 anos residente em um o estado do sudeste do Brasil sofreu estupro de vulnerável, repetidas vezes, desde os seus 6 anos de idade, por um ente da família e por consequência acabou engravidando. A menina, que morava com a avó, desejava interromper a gravidez, no entanto, o hospital, onde ela foi atendida no seu estado, se recusou a realizar o aborto legal alegando falta de condições. Situação que prorrogou a gestação e dificultou a garantia do direito ao abortamento.

Por meio de uma intervenção judicial a criança precisou viajar mais de 1.400 km, em meio a pandemia de COVID-19, para receber cuidados médicos e realizar o procedimento. Contudo, desrespeitando o sigilo que o caso exigia, ao chegar no estado de destino, notícias e imagens da criança já circulavam nas redes sociais informando o local onde o procedimento cirúrgico iria acontecer. Manifestantes antiaborto, entre conservadores e religiosos, dificultaram o acesso da criança ao hospital e assediaram os funcionários. A criança precisou acessar o hospital escondida dentro do porta-malas de um carro para ter seu direito à saúde assegurado.

A dificuldade em assegurar o direito ao aborto para essa criança repercute negativamente na vida e na saúde dela. Fato que evidencia como a sociedade busca mecanismos para cercear a liberdade e autonomia das pessoas que gestam e expõe as barreiras de acesso aos serviços e assistência à saúde da mulher, embasada em moralidades machistas, patriarcais e religiosas que submetem pessoas já violentadas a situações de risco biopsicossociais.

As questões quanto aos riscos de se submeter ao aborto inseguro também precisam ser mencionadas, pois, nesses casos as chances de complicações e óbito durante ou após o procedimento são muito maiores do que quando realizado de forma segura por meio de profissionais da saúde em ambientes especializados. Desta forma, criminalizar o aborto não inviabiliza que ele ocorra, só o torna mais inseguro e aumenta as chances de óbito para as pessoas que tomam tal decisão, como nos informa Ganatra et al. (2017).

A luta pela legalização do aborto acontece em diversos países da América Latina e alguns deles já garantem o direito ao aborto legal como livre escolha da pessoa que gesta, mas o Brasil não tem avançado com facilidade nessa pauta. Para Diniz, Medeiros e Madeiro (2017) o aborto no Brasil é uma questão de saúde pública de grande magnitude e persistência, mas é negligenciada e invisibilizada nas políticas de governo.

O controle dos corpos que gestam segue acontecendo, e durante a vigência de um governo com fortes inclinações fascistas, conservadoras e patriarcais tal situação se mostrou mais intensa nos últimos anos. Com o apoio da bancada política religiosa e da população igualmente conservadora o tema do aborto segue direcionado a uma discussão no campo do direito penal na busca por punir, quando, se faz pertinente descriminalizar a ação e tratá-la enquanto uma questão de direito à saúde, através de políticas públicas que garantam assistência de qualidade, equânime e segura a todas as pessoas que decidem abortar.

Foucault (2015) em sua obra *Vigiar e Punir* versa sobre o poder de punir por meio da disciplina, da vigilância e da formação de corpos dóceis. Alguns corpos são subjugados como inferiores, indesejáveis para perpetuar a espécie e invisíveis, por isso, passíveis de serem contidos e controlados. Isso acontece com os corpos de mulheres em situação de rua, em situação de pena privativa de liberdade, profissionais do sexo, pessoas trans, lésbicas, e tal inferiorização se acentua caso esses corpos sejam negros, pobres e periféricos, sofrendo assim, múltiplas punições.

Frente a essa realidade, podemos refletir quanto a hierarquia do poder de gestar e parir para algumas pessoas que gestam. Para as que se enquadram como padrão social tem-se a gestação como um ato desejado, esperado e aclamado pelo casal, pela comunidade e seu entorno, enquanto, outras maternidades são vistas como desmerecidas, socialmente indesejadas e desnecessárias, sobre isso, Mattar e Diniz (2012, p.107) nomeiam como hierarquia reprodutiva do direito de maternar e afirmam: "diferentes aspectos das mães - tal como raça, classe social, idade e parceria sexual - determinam a legitimidade e aceitação social destas maternidades, e, portanto, suas vivências", evidenciando a seletividade social frente aos corpos que podem gestar.

A invisibilidade dos homens trans no direito de gestar é uma agenda que merece destaque no âmbito da saúde pública. De acordo com Peçanha, Jesus e Monteiro (2023) a gestação ainda é pensada sobre a ótica cisheteronormativa, onde a possibilidade de mães e pais trans biológicos tampouco é considerado dentro do processo transexualizador do Sistema Único de Saúde (SUS).

Essa hierarquia reprodutiva e controle de corpos é evidenciada em 2021 ao entrar em vigor a Portaria SCTIE/MS nº 13, a qual estabelece:

> Torna pública a decisão de incorporar o implante subdérmico de etonogestrel, condicionada à criação de programa específico, na prevenção da gravidez não planejada para mulheres em idade fértil: em situação de rua; com HIV/AIDS em uso de dolutegravir; em uso de talidomida; privadas de liberdade; trabalhadoras do sexo; e em tratamento de tuberculose em uso de aminoglicosídeos, no âmbito do Sistema Único de Saúde - SUS. (BRASIL, 2021. p.1)

Tal portaria mostra o controle sobre corpos femininos que já estão em situações de vulnerabilidade social, as expões a situações que cerceiam a autonomia e as submetem a métodos contraceptivos de efeito prolongados com autorização do Estado. Precisamos refletir se essa portaria não seria, portanto, um retrocesso nas polícias de direitos reprodutivos, já que, trata-se de um método preconizado para um determinado público, podendo ser entendida, portanto, o biopoder aplicando prática eugenista no controle da reprodução direcionada especificamente para corpos selecionados.

Dando seguimento ao percurso na linha histórica, precisamos pontuar alguns dos percalços sociais enfrentados pelas mulheres, dentre eles: a violência doméstica, o feminicídio, o aprisionamento em massa das mulheres negras, as iniquidades sociais que assolam as periferias das cidades e toda sua comunidade, o policiamento ostensivo, a violência forjada de segurança pública e a aceitação social de "corpos matáveis". São questões essas que atravessam as pessoas que podem gestar quando pensam em engravidar e o parir com segurança, pois, as precariedades, os medos e perigos que envolvem a vida delas são fatores relevantes para escolher ter ou não uma criança sob sua guarda nos dias atuais.

Quanto a isso, o terceiro caso abordado ocorreu em 2021. Franco (2021), em uma reportagem para o G1, portal de notícias virtual, retrata a história de Kathlen Romeu, designer de interiores, jovem, negra, com 24 anos de idade e que estava grávida de 14 semanas quando foi atingida com um tiro de fuzil no tórax, na comunidade do Lins de Vasconcelos, no Rio de Janeiro, em meio a pandemia de COVID-19.

Segundo reportagem do G1 (2021), a família acusa a Polícia Militar de ter feito o disparo que tirou a vida da jovem. A corporação nega, mas moradores disseram à Ordem dos Advogados do Brasil que policiais faziam emboscada quando Kathlen foi atingida por tiro.

A violência direcionada aos corpos negros reduz cada vez mais as chances de gerações futuras sobreviverem e terem suas vidas asseguradas pela liberdade, dignidade e respeito. Cabe a reflexão sobre a hierarquia reprodutiva, de quais gestações a sociedade decide lutar e defender e por quais ela apenas contabiliza números e estatísticas de mortalidade.

Ademais, Passos (2023) acrescenta no livro *Na mira do fuzil*, a reflexão do quanto a matabilidade de corpos negros, muitas vezes cunhada por representantes do Estado, inferem para o sofrimento mental das mulheres negras que perdem seus filhos vítimas da violência armada. Do quanto a matabilidade de jovens negros causa dor e adoecimento para o seio familiar e a rede de apoio, em especial, para as mães.

Neste percurso de fatos históricos e reais chegamos ao ano de 2022. Durante o primeiro semestre mais um caso demostra a negativa do direito legal ao abortamento. O fato ganhou repercussão nacional, mostrando a recorrência dos acontecimentos, não como um caso isolado, mas reiterando, como as estruturas buscam cercear os direitos das pessoas que são violentadas sexualmente e decidem pelo abortamento. Ao relatar o próximo caso, a sensação de repetição vem à tona, pois de fato as histórias parecem se replicar.

Uma criança de 11 anos no sul do Brasil foi vítima de estupro de vulnerável, em meio a pandemia de COVID-19, e afastada do vínculo familiar, sendo mantida em um abrigo após ter seu direito ao aborto legal negado pela equipe médica, que lhe assistiu no primeiro momento, com a alegação da gestação cursar com mais de 20 semanas. Este caso veio à mídia através do portal de notícias *The Intercept* Brasil após divulgação do vídeo contendo trechos da audiência em que a criança foi ouvida por uma juíza de direito.

Embora a menina tivesse seu direito ao aborto assegurado pelo Código Penal, sem qualquer limitação de tempo gestacional e sem a exigência de autorização judicial, esta foi interpelada de maneira coerciva sobre o procedimento pela juíza que tratava do caso. Segundo Guimarães, Lara e Dias (2022) a juíza fez os seguintes questionamentos: "suportaria ficar mais um pouquinho?" postergando a gestação para a criança não realizar a prática do aborto legal, induzindo-a encaminhar o neonato para a adoção pós-parto e perguntou: "Quer escolher o nome do bebê?", além de: "Você acha que o pai do bebê concordaria pra entrega para adoção?" não cabendo esses questionamentos, visto que, a manutenção da gestação poderia colocar em risco a saúde física e mental desta criança *ad aeternum*, além do desejo explicito da menor e dos seus responsáveis legais em de interromper a gestação.

Este caso explicita como representantes do Estado se utilizam dos seus cargos para tentar impor seus dogmas, crenças e valores morais acima da garantia da lei, não colocando o direito à liberdade, à saúde e a vida da criança que sofreu uma violência sexual em primeiro plano, expondo-a revitimização.

Rocca et al. (2020) afirmam em seu estudo, ao acompanhar por 5 anos mulheres nos EUA que realizaram aborto, que o alívio foi o sentimento mais expresso ao longo deste tempo pós-aborto e a maioria das participantes compreenderam tal ação sobre seus corpos como a decisão correta a ser tomada.

A pesquisa de Rocca et al. (2020), nos faz refletir que a realização do aborto se apresenta como um alívio, visto que, os danos emocionais, psicólogos e físicos que afetam as pessoas que são violentadas sexualmente e mantêm a gestação indesejada lhes despertam gatilhos de sofrimento, violações e provocam uma revitimização, ao expor a um recorrente e contínuo constrangimento por terem que prolongar as consequências de uma violência através da gestação.

Diniz e Carino (2020) afirmam não haver ainda um estudo semelhante que nomeei qual o sentimento mais comum entre as mulheres latino-americanas que abortam, contudo, pontuam que ele deve estar distante do fantasioso pensamento do "aborto como trauma" expresso pelos conservadores e religiosos.

Em 2022, a legislação que garantia o direito ao aborto legal nos EUA foi modificada e o direito foi cerceado em alguns estados, decisão que partiu da corte suprema com ideais conservadores. As mudanças nos direitos das mulheres no país com uma das democracias mais sólidas do mundo refletem a insegurança sobre os direitos das mulheres e estremecem o tema em diversos países do mundo, inclusive no Brasil, onde poucos dias depois o Ministério da Saúde buscou publicizar uma cartilha sobre atenção técnica para prevenção, avaliação e conduta nos casos de abortamento expondo, na primeira edição, o abortamento como crime em todas as circunstâncias:

> Não existe aborto "legal" como é costumeiramente citado, inclusive em textos técnicos. O que existe é o aborto com excludente de ilicitude. Todo aborto é um crime, mas quando comprovadas as situações de excludente de ilicitude após investigação policial, ele deixa de ser punido (BRASIL, 2022, p.14).

O texto técnico do Ministério da Saúde traz uma interpretação da lei que criminaliza todos os casos de abortos no Brasil, o que é uma falácia, o texto dificulta a compreensão dos meios para garantia do aborto legal no país, amedronta a pessoa que deseja abortar e a equipe de saúde quanto ao respaldo legal e ético, podendo gerar uma insegurança judicial para realizar o procedimento nos casos permitidos por lei, além de afastar as pacientes da busca por serviços e assistências à saúde por medo de serem imputadas por um crime irreal, nos casos garantidos pelo Código Penal.

Os casos apresentados sucintamente neste capítulo são exemplos de acontecimentos nacionais que cerceiam a liberdade e o direito reprodutivo das pessoas que podem gestar sobre seus corpos, que implicam sobre eles decisões de outrem, de como as leis, crenças e os valores da sociedade ainda estão fortemente enviesadas pelo machismo e racismo. Além disso, expõe a necessidade de discutir o tema para consolidar os direitos vigentes, evitando regressões, lutando por avanços nos debates quanto aos direitos sexuais e reprodutivos, ressaltando a importância de estudos e políticas públicas que se atentem para todas as pessoas que gestam.

Nos últimos anos o Basil foi regido por representantes governamentais conservadores, com um parlamento envolvendo preceitos religiosos em questões políticas, onde as liberdades foram a todo momento questionadas e os ideais patriarcais e machistas se mostraram mais incisivos.

O que nos faz reforçar a garantia dos direitos das mulheres e demais minorias. Para além disso, compreendemos que existem outras perspectivas relacionadas ao direito reprodutivo que não foram aprofundadas no texto, mas que precisam de maior visibilidade em discussões futuras.

Se faz necessário reconhecer que a luta por garantia de direitos à liberdade e justiça reprodutiva é constante, muito já foi alcançado, mas muito ainda está por vir. A garantia desses direitos faz parte das pautas dos movimentos sociais feministas, mas deve ser de toda a comunidade e das(os) representantes políticos que governam este país, deve estar presente nas mídias, na academia, nos coletivos, nas instituições públicas e privadas, enfim, devem ser pautadas e transformadas em políticas públicas que assegurem e legitimem tais direitos.

Lutar pela garantia dos direitos à liberdade das mulheres e demais minorias é lutar por sobrevivência todos os dias, por dignidade e equidade sem deixar nenhuma companheira para traz. Precisamos vislumbrar corpos livres, autônomas e felizes como a possibilidade de um futuro melhor para todas(os).

Referências

ALMEIDA, Silvio Luiz de. **Racismo estrutural**. Feminismos Plurais. Sueli Carneiro; Pólen, São Paulo, 2019.

BEAUVOIR, Simone. **O Segundo sexo**: fatos e mitos. 5ªed. Vol. 1. Tradução: Sergio Milliet Nova Fronteira. 2019.

BRASIL, **Constituição da República Federativa do Brasil de 1988**. texto constitucional promulgado em 5 de outubro de 1988, compilado até a Emenda Constitucional no 128/2022. Brasília, DF. Senado Federal, 2022.

BRASIL, **Política Nacional de Atenção Integral à Saúde da Mulher** – PAISM. Ministério da Saúde, 2004.

BRASIL, Lei nº 8.080 de 19 de setembro de 1990. Presidência da República, Casa Civil. Brasília, 1990.

BRASIL, Lei nº 9.263 de 12 de janeiro de 1996. Presidência da República, Casa Civil. 1996. Brasília, 1996.

BRASIL, Lei nº 11.108 de 7 de abril de 2005. Presidência da República, Casa Civil. 2005. Brasília, 2005.

BRASIL, Lei nº 14.443, de 2 de setembro de 2022. Presidência da República, Casa Civil. Brasília, 2022.

BRASIL. Política Nacional de Saúde Integral da População Negra: uma política para o SUS / Ministério da Saúde, Secretaria de Gestão Estratégica e Participativa, Departamento de Apoio à Gestão Participativa. - 2ª ed. - Brasília: Editora do Ministério da Saúde, 2013.

BRASIL. Código Penal. Decreto Lei nº 2.848 de 07 de dezembro de 1940. Presidência da República, Casa Civil. Brasília, 1940.

BRASIL, Diário Oficial da União. Portaria SCTIE/MS nº 13, de 19 de abril de 2021. Brasília, 2021.

BRASIL, Ministério da Saúde. **Atenção técnica para prevenção, avaliação e conduta nos casos de abortamento**. Secretaria de Atenção Primária à Saúde, Departamento de Ações Programáticas e Estratégicas. 1ª ed. rev. - Brasília, 2022.

CENTER FOR REPRODUCTIVE RIGHTS. Caso de Alyne da Silva Pimentel Teixeira ("Alyne") v. Brasil. 2018.

COLETIVO SISTERSONG. Women of color reproductive justice collective.

DAMASCO, Mariana Santos; MAIO, Marcos Chor; MONTEIRO, Simone. Feminismo negro: raça, identidade e saúde reprodutiva no Brasil (1975-1993). **Revista Estudos Feministas**. v. 20, nº 1, pp. 133-151. 2012.

DAMASCO, Mariana. Café com história. **A questão da saúde reprodutiva e o feminismo negro no Brasil**. 2017.

DAVIS, Angela. **A liberdade é uma luta constante**. Org. Frank Barat; Tradução Heci Regina Candiani. 1ª ed. Boitempo, São Paulo. 2018.

DINIZ, Debora; MEDEIROS, Marcelo; MADEIRO, Alberto. Pesquisa Nacional de Aborto 2016. **Ciência & Saúde Coletiva**. V. 22, nº 2, pp. 653-660. 2017.

DINIS, Debora; CARINO, Giselle. **Aborto, um sentimento de alívio**. Coluna de opinião. Revista El País, 2020.

FOUCAULT, Michel. **Vigiar e punir**: nascimento da prisão. Tradução de Raquel Ramalhes. 42ªed. Editora Vozes, Petrópolis-RJ. 2014.

FRANCO, Luiza. Kathlen Romeu: a 'tocaia policial' que pode estar por trás da morte de jovem grávida. G1, Rio de Janeiro. BBC, News. 2021.

GANATRA, Bela; et al. Global, regional, and subregional classification of abortions by safety, 2010–14: estimates from a Bayesian hierarchical model. **The Lancet**. 390: 2372–81. 2017.

GÓES, Emanuele; et al. Vulnerabilidade racial e barreiras individuais de mulheres em busca do primeiro atendimento pós-aborto. **Caderno de Saúde Pública**, 2020.

GÓES, Emanuelle Freitas; SOUSA, Diogo. **Raça, gênero, etnia e direitos humanos**. Salvador: UFBA, Faculdade de Direito; Superintendência de Educação a Distância. 59 p. 2020.

GÓES, Emanuelle Freitas; FERREIRA, Andrêa, Jacqueline Fortes; RAMOS, Dandara. Racismo antinegro e morte materna por COVID-19: o que vimos na Pandemia? **Cien Saúde Colet.** 2022.

GONZALEZ, Lélia. **Por um feminismo afro-latino-americano**: ensaios, intervenções e diálogos. Org. Flavia Rios, Márcia Lima. 1ªed. Zahar, Rio de Janeiro. 375p. 2020.

GUIMARÃES, Paula; DE LARA, Bruna; DIAS, Tatiana. 'Suportaria ficar mais um pouquinho?'. **The Intercept Brasil**, colaboração: Catarinas. 2022.

G1, Portal de notícias. O que se sabe sobre a morte da jovem Kathlen Romeu, no Rio. Rio de Janeiro. 2021.

JANNOTTI, Claudia Bonan; SEQUEIRA, Ana Lúcia Tiziano; SILVA, Katia Silveira da. Direitos e saúde reprodutiva: revisitando trajetórias e pensando desafios atuais. **Saúde em Debate**, vol. 31, pp. 25-33. 2007.

KILOMBA, Grada. **Memórias da Plantação** – Episódios de racismo cotidiano. Tradução Jess Oliveira. 1ª ed. Cobogó. Rio de Janeiro. 2019.

LEAL, Maria do Carmo et al. A cor da dor: iniquidades raciais na atenção pré-natal e ao parto no Brasil. **Cad. Saúde Pública**, Rio de Janeiro, v. 33, supl. 1, 2017.

MATTAR, Laura Davis.; DINIZ, Carmen Simone Grilo. Reproductive hierarchies: motherhood and inequalities in women's exercising of human rights. **Interface - Comunic., Saúde, Educ.**, v.16, nº 40, p.107-19. 2012.

MATTAR, Laura Davis. Reconhecimento jurídico dos direitos sexuais: uma análise comparativa com os direitos reprodutivos. Sur. **Revista Internacional de Direitos Humanos.** v. 5, nº 8, p. 60-83. 2008.

OLIVEIRA, Maria Helena Barros de et al. Direitos humanos, justiça e saúde: reflexões e possibilidades. **Saúde em Debate**. v. 43, n. spe pp. 9-14. 2019.

ONU, Organização das Nações Unidas. **Declaração Universal dos Direitos Humanos.** Genebra, 1948.

PEÇANHA, Leonardo Morjan Britto; Jesus, Jaqueline Gomes de; Monteiro, Anne Alencar. Transfeminismo das transmasculinidades: Diálogos sobre direitos sexuais e reprodutivos de homens trans brasileiros. Revista Brasileira de Estudos da Homocultura. Vol. 06, nº 19, p. 90-104. 2023.

ROCCA, Corinne et al. Emotions and decision rightness over five years following an abortion: An examination of decision difficulty and abortion stigma. **Soc Sci Med**. 2020.

STARR, Delphine. Os obstáculos enfrentados por uma menina de 10 anos para fazer um aborto legal. **Human Rights Watch**, 2020.

STF, Supremo Tribunal Federal. **Arguição de Descumprimento de Preceito Fundamental 54**. Relator: Min. Marco Aurélio. Brasília DF. 2012.

UNICEF, Fundo das Nações Unidas para a Infância; FBSP, Fórum Brasileiro De Segurança Pública. **Panorama da violência letal e sexual contra crianças e adolescentes no Brasil**. 2021.

XIMENES, Sergio. **Minidicionário da língua portuguesa**. 2ª ed. Ediouro. São Paulo, 2000.

Capítulo 3

Laicidade: o Amuleto da Liberdade Religiosa

Roney Silva de Moraes

1. A Laicidade

Atualmente, as relações entre Igreja e Estado estão delimitadas sob o conceito de laicidade em grande parte do mundo Ocidental. A partir deste princípio, as relações da religião com o espaço público foram moldadas e consequentemente a opinião pública ao longo do tempo. No Brasil, este tema está na raiz de diversos debates com tonalidades diversas, mas orbitam entorno de duas ideias principais: uma defesa do absoluto esvaziamento da religião dos espaços públicos e outra a favor da voz de agentes religiosos nestes mesmos espaços.

Segundo Ranquetat Jr (2008), laicidade é um fenômeno político que deriva do Estado e não da religião, tem caráter restritivo e pode ser compreendido como a exclusão ou ausência da religião da esfera pública. A laicidade implica a neutralidade do Estado em matéria religiosa. Esta neutralidade apresenta dois sentidos diferentes: um relacionado com a ausência/exclusão da religião e o segundo ligado ao sentido de imparcialidade do Estado com respeito às religiões, o que resulta na necessidade do Estado em tratar com igualdade as crenças.

O termo Laicismo e Laicidade são conceitos que derivam da expressão grega clássica *laos* (adj: *laikos*), expressão que designava o povo em sentido lato, tão abrangente ou tão universal quanto possível. O termo *laos* referia-se, portanto, à entidade população, ao povo todo sem nenhuma exceção. Da mesma expressão grega *laos/laikos* também derivou, passando pelo latim, a palavra portuguesa "leigo" com o significado de *não-clérigo*, termo que gera frequentemente problemas, ao ser, acidental ou deliberadamente, confundido com a atual expressão "laico", que tanto pode servir para designar um adepto ou um militante do laicismo, como para adjetivar essa sua postura ou uma ação (GOMES; FILHO, 2011).

Segundo a historiadora francesa Valentine Zuber (2010), o termo "laicidade" designa uma realidade proteiforme que é atravessada por diversos campos de reflexão ou de ação como os domínios filosóficos, jurídicos, sociológicos e históricos. Para a autora, "a laicidade encontra-se na interface, no lugar intermédio, em relação às religiões e aos sistemas religiosos". Evidencia-se nas relações entre as diversas religiões, mas também nas relações existentes entre Estado(s), religião(ões) e sociedade civil.

A laicidade almeja uma construção de sociedade onde qualquer grupo social de aspiração dominante não possa se impor de forma autoritária, totalitária ou autocraticamente aos demais elementos que a constituem; uma sociedade onde há um espaço público que pertença de forma efetiva a todos os indivíduos que nela convivem, uma sociedade aberta, inclusiva e livre (GOMES; FILHO, 2011).

Atualmente, a laicidade é o símbolo da liberdade de crença, é a garantida de certos direitos ao cidadão em grande parte do mundo. Segundo Domingos (2010), são princípios garantidos pela laicidade: a liberdade

1. de ter crença religiosa ou não;
2. de praticar uma religião, caso o indivíduo a tenha;
3. de trocar de religião;
4. de não ser perseguido nem ofendido por práticas ostentatórias de outras religiões;
5. aos familiares de decidirem pela educação religiosa, ou não, de seus descendentes;
6. para que esta educação religiosa não se choque com suas convicções, respeitando-as;
7. de não ser discriminado por outros indivíduos, organizações ou mesmo pelo serviço público em função de sua(s) crença(s).

A ideia de Estado Laico teve raízes filosóficas e teóricas devidas na Europa moderna, e só foi possível de ser concebida num terreno religioso do qual as relações Igreja x Estado eram ainda próximas. Encontra seu tronco plantado sobre o período do Renascimento (século XVI) com sua valorização do homem e crítica às hierarquias religiosas, e da Reforma Protestante que, a partir de Lutero com seu discurso diante da Dieta de Worms, em 1521, recusa se retratar de sua opinião religiosa divergente da visão da igreja romana. Apesar de Lutero ter apenas defendido seu ponto de vista a respeito da salvação, alguns autores apontam que, do ponto de vista filosófico, esta ruptura eclesiástica representa a gênese moderna da liberdade individual e da consciência como lugar de certeza, sendo o indivíduo capaz pela sua luz natural de chegar à verdade e contestar a autoridade institucional e o saber tradicional religioso. Esta ideia mais tarde se generalizará para além do campo religioso e será fundamental no desenvolvimento do pensamento moderno (BIÉLER, 1999; MARCONDES, 2005; SPYER, 2020).

1.1. Modelos de Laicização

Segundo Bissiati et al. (2019), um marco histórico importante para se pensar sobre a laicidade está circunscrito no tratado de Paz em Westfália. Assinado em 16 de agosto de 1648, o tratado estabelece um fim à Guerra dos Trinta Anos, na qual católicos e protestantes disputavam seu direito à fé. Para que a paz fosse atingida, o Tratado outorgou a soberania à máquina política dos reinos utilizando como reza no próprio documento a ideia de que a paz provém da própria origem comum das religiões: Cristo. De acordo com Zylbersztajn (2012, p. 17), citado por Bissiati et al (2019), "este marco inaugura dois conceitos importantes para o tema: a superação da tese de origem e legitimação divina do poder do governante e o surgimento da soberania estatal".

Ao observarmos a história do desenvolvimento das sociedades ocidentais, percebemos que o conceito de laicidade tomou contornos distintos dependendo do contexto da nação. Põem-se em destaque dois modelos: o francês e o norte-americano. No primeiro modelo, a religião é excluída por completa do espaço público e da política. Em contrapartida, o segundo modelo tem a religião como *a priori* de sua própria constituição democrática (BISSIATI et al., 2019).

1.1.1. A Laicização Francesa

O processo de separação da Igreja e Estado na França foi lento, árduo, marcado por conflitos, com o estopim social que a Revolução Francesa causou, e composto por avanços e retrocessos (RANQUETAT JR, 2008; DOMINGOS, 2010).

O domínio da Igreja católica era uma pauta dos revolucionários desde as primeiras semanas da Revolução Francesa. Para os opositores da igreja, a vida política deveria ser dominada por um princípio maior: o exercício do poder era o fruto de um pacto racional entre os homens (teoria do Contrato Social de Jean-Jacques Rousseau) e a soberania emanava do povo e a ele pertencia. Esta ideia está contida no artigo 3º da Declaração dos Direitos do Homem e do Cidadão de 1789. A partir de então, o Estado tornou-se totalmente independente da Igreja, as instituições já não eram justificadas pela sua origem divina e incontestada, mas eram criadas e governadas pela vontade geral. A Declaração também reconhecia a liberdade religiosa em seu artigo 10: *Ninguém deve ser inquietado pelas suas opiniões, incluindo religiosas, contanto que a sua manifestação não perturbe a ordem pública estabelecida por lei* (DOMINGOS, 2010; ZUBER, 2010). Segundo Domingos (2010), apesar deste reconhecimento da liberdade religiosa e independência do Estado francês, a marca de separação entre Igreja e Estado ainda não é nítida.

Após uma série de idas e vindas da resistência católica e diversos conflitos que culminaram na ruptura das relações diplomáticas da França com a Santa Sé (1904) e seu restabelecimento em 1924, o processo de laicização foi aceito pela Igreja oficialmente em 1945. O princípio laico foi inscrito pela primeira vez na Constituição em 1946, no seu artigo 1º, "*A França é uma República indivisível, laica, democrática e social*" e no preâmbulo lê-se que a organização do ensino público, gratuito e laico é, em seus diversos níveis, um dever do Estado (ZUBER, 2010).

1.1.2. A Laicização Norte-Americana

A laicização dos Estados Unidos se desenrolou de forma pacífica e rápida com a consagração da separação entre o Estado e as igrejas protestantes na primeira emenda de 1791. Esta pacificidade e rapidez derivam do terreno em comum que as crenças da população norte-americana tinham. A laicidade norte-americana não é um regime de negação da religião, visto que ela surge do seio da religiosidade (RANQUETAT JR, 2008). A laicidade funcionou como um mecanismo facilitador das relações entre a sociedade civil e o Estado, sendo um fomentador de condutas cidadãs que movimentou o sentimento de pertencimento nacional na sociedade civil, ao mesmo tempo em que promoveu uma imensa base de solidez para as ações do Estado. Sendo assim, a laicidade norte-americana não retirou a religião das ações públicas, mas colocou-a como eixo universal que ancorou os atos nacionais (BISSIATI et al., 2019).

Corroborando com este ponto, o jurista e político John Jay, um dos autores da obra clássica norte-americana *Federalistas* de 1840, agradeceu a Deus por dar uma população unida, de uma mesma descendência e língua, que professa a mesma religião e que concorda com os mesmos princípios de governo. Seguindo este raciocínio, observa-se o sentimento que engajou em apenas uma máquina governamental o movimento Federalista de União dos Estados Federativos tem na divindade seu maior alicerce. De acordo com o pensador norte-americano a divina

Providência proveu a América de benevolências e de um povo sapiente com características em comum para facilitar a união e se tornarem uma grande pátria (BISSIATI et al., 2019).

Ao argumento sobre este federalismo norte-americano, Bissiati et al. (2019) aponta a inspiração de Jay nos ideais do liberalismo inglês e, principalmente, em uma ideia de união civil que se amparava na Providência. Segundo Ranquetat Jr (2008), o ideal liberal procurava desvincular o Estado, o poder político de qualquer confissão religiosa.

A tradicional concepção liberal se organizava em torno de três eixos: a) a premissa de que as convicções e práticas religiosas se referem à esfera privada; b) a neutralidade do Estado em matéria religiosa; c) separação entre Igreja e Estado (BURITY, 2001, apud RANQUETAT JR, 2008). Entretanto, como supracitado, Jay faz uma separação da soberania estatal e da religião adaptando estas premissas liberais e fundamentando na própria religião. O tipo de lógica que Jay descreve tem em grande parte respaldo em fontes como John Locke, de maneira especial em sua "Carta Acerca da Tolerância", na qual o inglês escreve que pessoas que perseguem e matam em nome do Evangelho não conhecem a fé cristã, indicando assim uma lógica de tolerância religiosa que será resgatada pelos Federalistas para promulgar o princípio de sua laicidade estatal (BISSIATI et al, 2019):

1.2. Laicidade Negativa e Positiva. Laicidade de Princípio e de Compromisso

A visão do modelo norte-americano de laicidade foi expressa no discurso do ex-presidente francês Nicolas Sarkozy em seu encontro com o papa Bento XVI em dezembro de 2007, do qual expressa uma ideia de laicidade que engloba a religião (enquanto discurso) e os religiosos (enquanto grupos organizados) na vida social, onde afirma que uma verdadeira concepção da realidade (aqui incluída a realidade política) também há um diálogo com a transcendência. A esta Sarkozy chamou de "laicidade positiva"1[1]. A partir desta colocação do presidente francês, Lacerda (2010) pressupõe e conceitua o que seria a laicidade negativa e positiva. Enquanto laicidade "negativa" almeja a separação da Igreja e Estado, onde a Igreja não é um ator político com representação no seio

1 https://www.la-croix.com/Archives/2007-12-21/Nicolas-Sarkozy-celebre-une--laicite-positive-_NP_-2007-12-21-308815

do estado, a laicidade "positiva" caracteriza-se como a possibilidade de o Estado reconhecer a religião como ator político e haurir dela princípios e valores espirituais. O autor aponta que semelhantemente a visão de Bento XVI e Nicolas Sarkozy, há alguns pensadores acadêmicos que defendem uma "laicidade esclarecida" que se assemelha bastante com àquela proferida pelo ex-presidente francês.

Por seu turno, a cientista política Camil Ungureanu (2008), citada por Lacerda (2010, p. 3), defende que a democracia não pode aviltar as perspectivas religiosas, visto que elas "contêm valores que mobilizam e orientam a conduta dos cidadãos. Dessa forma, mantendo a separação entre Igreja e Estado, Ungureanu afirma que "o Estado não pode ser surdo e cego para a religião e para os religiosos". Para a autora, a pressão das ideias destes grupos religiosos sobre a surdez e cegueira da laicidade é legítima e correta, desde que cidadãos e políticos aceitem argumentos religiosos, mas usem-nos de maneira "secularizada", assim ambas as visões reconhecem aporias em suas formulações.

A visão de Ungureanu se aproxima bastante da vertente estadunidense de laicidade que, por conta do seu contexto de concepção que fora supracitado, entende este termo como falta de prevalência social de uma religião sobre as outras. Sendo assim, a laicidade foi uma solução compromissada entre vários credos, todos desejosos de se impor sobre a sociedade, porém incapazes de realizarem seu desejo. E em que esta se diferencia daquela francesa? O modelo de justificação daí resultante, onde laicidade não é entendida como uma condição para a liberdade pública, mas como uma incapacidade de imposição de uma crença sobre as demais (LACERDA, 2010). Esta pequena variação semântica pode trazer grandes desdobramentos interpretativos.

Podem-se identificar esta variedade francesa e estadunidense, respectivamente, de *laicidade de princípio e laicidade de compromisso.* Segundo Lacerda (2010, p. 9)

> Apesar de a posição do Estado face às denominações religiosas ser mais ou menos a mesma em cada uma delas, a perspectiva das denominações face ao Estado muda em cada um dos dois casos: enquanto na variedade de princípio a laicidade é uma situação por assim dizer indisputável, por ser fundamento do Estado e garantia das liberdades públicas, na variedade de compromisso a laicidade é um valor transitório ou passível de ser percebido como tal enquanto perdura uma situação de ausência de hegemonia religiosa em uma sociedade dada. Dito de outra forma: se em uma sociedade qualquer

> houver uma igreja cujos aderentes são maioria da população, a laicidade não será modificada, ou resistirá mais e melhor, na vertente de princípio, ao passo que poderá sofrer, e bastante, na vertente de compromisso.

Ao dialogar com Ungureanu que defende não uma neutralidade, mas uma pluralidade de perspectivas nos espaços públicos que interajam com outras, Lacerda (2010, p. 13) reconhece que "de fato, ao tomarem decisões, os órgãos colegiados não podem ignorar os valores socialmente compartilhados ou difundidos, seja porque devem prestar contas à sociedade, seja porque os próprios membros de tais órgãos aderem aos valores sociais". Dito de outra forma: há referenciais religiosos e teórico-filosóficos que estão na raiz dos valores socialmente compartilhados seja pela sociedade, seja pelos membros de tais órgãos e que se desdobram nas suas decisões.

Corroborando com tal ideia, Ranquetat Jr (2008) fala que a neutralidade laica proposta pelo ideário liberal jamais se realizou na maior parte das sociedades do mundo ocidental. O autor defende tal posição, porque o projeto laicizador tornou-se uma fé laica em muitos países. Historicamente, de maneira concreta, a laicidade jamais se expressou como uma mera neutralidade, pois se revela também como uma cosmovisão, um conjunto de crenças. Segundo Catroga (2010, p. 275), o projeto laicizador tem no ensino, na escola, um dos seus aspectos principais:

> [...] o processo laicizador afirmar-se á, prioritariamente, no terreno da educação e do ensino, sinal inequívoco de que ele, se visava separar as Igrejas da Escola e do Estado, também o fazia para socializar e interiorizar idéias, valores e expectativas. Daí que as suas facetas jurídico-políticas apareçam sobredeterminadas, em última análise, por finalidades de cariz mundividencial.

1.3. A Laicidade no Brasil

Depois de séculos - e alguns poucos altos e baixos no período pós-república – de influência católica sobre as instituições públicas, vê-se crescer nas duas primeiras décadas de XX o pentecostalismo, mas a partir da década de 70 que este segmento social ganhou mais força na esfera religiosa e apresentou riscos a hegemonia social e política da Igreja católica (TEIXEIRA; MENEZES, 2006; SILVA, 2017). Segundo Machado

(2015), na década de 1980, durante o período pré-redemocratização, houve um crescimento de pentecostais voltados para o cenário político.

Por conta da eminência de elaboração de uma nova Carta Constitucional, a de 1988, Silva (2017) dá duas razões para a incursão de pentecostais na política:

> Primeiramente, o temor de que a Carta Constitucional contemplasse temas como a liberação das drogas e a descriminalização do aborto incentivou a articulação e presença destes no cenário político partidário. Por outro lado, havia também o receio de que setores da Igreja católica aliado a forças de esquerda no quadro partidário viessem a aprovar leis com o intuito de impor limites ao avanço dos (neo) pentecostais.

Neste contexto de Assembleia Constituinte, surge a bancada evangélica, composta majoritariamente por pentecostais, até os dias atuais (SILVA, 2017). Segundo Silva (2017), há uma porosidade dos parlamentares de tal bancada em diversos partidos e, diante deste cenário, há poucos temas da pauta política em que há uma coesão entre esse grupo. O autor aponta, como um dos motivos desta união, a intenção legislativa de debater principalmente a respeito de valores morais sob uma ótica conservadora. Esta postura acaba acarretando a colaboração de evangélicos (pentecostais e tradicionais) e católicos nestes temas, conseguindo assim uma grande quantidade de votos nos mais variados processos.

Segundo Gomes e Filho (2011), com a formulação da nova Constituição de 1988, a expressão "Estado laico" não é encontrada na constituinte, porém seu conteúdo pode ser encontrado nela. Por outro lado, o autor pontua que a sua formulação textual permite associações entre o Estado e instituições religiosas, desde que seja, na forma da lei, uma colaboração de interesse público (BRASIL, 2016). Esta premissa permite com que igrejas tenham uma maior relevância sociocultural, pois se emaranham com a vida pública.

Segundo Oro (2011), a laicidade brasileira não pode ser entendida com uma lógica *à francesa*. A laicidade precisa ser relativizada, pois aqui no Brasil ela não constitui um valor central da república. O estado brasileiro possui, nos fundamentos da sua República, o ideário positivista francês, contudo a História mostra que este é atrelado à religiosidade popular, visto que a religião empenha uma função como reguladora social (GOMES; FILHO, 2011; BARRIENTOS-PARRA,

2015; SILVA, 2017). Para o autor, o sentimento religioso do brasileiro e toda a tradição cultural não se harmonizam com a exclusão da religiosidade do debate e da implementação de políticas públicas, pois há séculos a educação, saúde e a assistência social do país não podem renunciar ao apoio das diversas igrejas e credos religiosos e que permanecem em cooperação até hoje.

2. Conclusão

O presente capítulo apresentou o tema laicidade, sua importância para a liberdade religiosa, suas principais vertentes e a complexidade deste tema no cenário político brasileiro, explicitando o caráter de sua laicidade de Estado, onde católicos e evangélicos participam ativamente da arena política e partidária, demonstrando que a privatização do religioso nunca foi uma realidade ou um princípio nuclear da separação republicana entre Igreja e Estado no Brasil. A laicidade brasileira não dispõe de força normativa e ascendência cultural para ampliar a secularização do campo político a ponto de excluir a religião da esfera de debate público e para assegurar sua própria reprodução, por conta da presença e avanço de grupos católicos e evangélicos politicamente organizados e mobilizados que intervém na esfera pública através dos próprios mecanismos de funcionamento da República (MARIANO, 2011).

Esta atuação de religiosos no espaço público pode ser compreendida como um desdobramento da configuração atual de democracia participativa, onde esta só é possível ser concebida com o pleno reconhecimento da pluralidade constitutiva do social e sua participação ativa na política, provocando assim uma grande penetração de discursos diferencialistas no cenário republicano, uma grande fragmentação da esfera pública (BURITY, 2008).

No que tange a uma maior compreensão desta grande penetração de discursos diferencialistas na política brasileira, pesquisas que ofereçam um desenho mais conciso do pensamento social, a partir de uma ótica epistemológica da psicologia social, podem ser de grande valor para auxiliar no entendimento do tema laicidade para os grupos sociais protagonistas deste debate tão polêmico – os religiosos, visto que nos atuais debates e pesquisas sobre laicidade brasileira, apenas existem estudos do campo das ciências sociais, estudos que partem de um princípio de compreensão mais coletivo.

Referências

BARRIENTOS-PARRA, Jorge. A singularidade do Estado Laico no Brasil à luz da Constituição de 1988 e das raízes histórico-religiosas do povo. **Revista Brasileira de Estudos Políticos**, v. 111, p. 145-196, 2015.

BIÉLER, André. **A força oculta dos protestantes**. 1ª ed. São Paulo: Editora Cultura Cristã, 1999.

BISSIATI, Edson Luagatti Silva; LEPORATI, Lara Bortolusci; LIGUORI, Paula Aparecida Viol; ANDRADE, Marcelle Luiz de. O conceito de laicidade na atual formulação política brasileira. **CSOnline-REVISTA ELETRÔNICA DE CIÊNCIAS SOCIAIS**, nº 29, 2019.

BRASIL. [Constituição (1988)]. **Constituição da República Federativa do Brasil de 1988**. Brasília, DF: Presidência da República, [2016]. Disponível em: http://www.planalto.gov.br/ccivil_03/constituicao/constituicao.htm. Acesso em: 29 out. 2020.

BURITY, Joanildo A. Religião, política e cultura. **Tempo social**, v. 20, nº 2, p. 83-113, 2008.

CATROGA, Fernando. **Entre deuses e Césares: secularização, laicidade e religião civil - uma perspectiva histórica**. 2 ed. Coimbra: Edições Almeida, 2010.

DOMINGOS, Marília De Franceschi Neto. Laicidade: o direito à liberdade (Secularity: the right to freedom. **HORIZONTE-Revista de Estudos de Teologia e Ciências da Religião**, v. 8, nº 19, p. 53-70, 2010.

GOMES, Christiane Teixeira; FILHO, Flávio Barbosa Lins. Estado Laico – da origem do laicismo à atualidade brasileira. In: **Anais Eletrônicos do V Colóquio de História "Perspectivas Históricas: historiografia, pesquisa e patrimônio".** Luiz C. L. Marques (Org.). Recife, 16 a 18 de novembro de 2011. p. 1219-1228. ISSN: 2176-9060. Disponível em: http://www.unicap.br/coloquiodehistoria/wp-content/uploads/2013/11/5Col-p.1219-1228.pdf. Acesso em 07/11/2019

LACERDA, Gustavo Biscaia de. Laicidade (s) e República (s): as liberdades face à religião e ao Estado. 2010.

MACHADO, Maria das Dores Campos. Religião e política no Brasil contemporâneo: uma análise dos pentecostais e carismáticos católicos. **Religião & Sociedade**, v. 35, nº 2, p. 45-72, 2015.

MARCONDES, Danilo. **Iniciação à História da Filosofia:** dos pré-socráticos a Wittgenstein. 9ª ed. Rio de Janeiro: Jorge Zahar Ed., 2005.

MARIANO, Ricardo. Laicidade à brasileira. Católicos, pentecostais e laicos em disputa na esfera pública. **Civitas-Revista de Ciências Sociais**, v. 11, nº 2, p. 238-258, 2011.

ORO, Ari Pedro. A laicidade no Brasil e no Ocidente. Algumas considerações. **Civitas-Revista de Ciências Sociais**, v. 11, nº 2, p. 221-237, 2011.

RANQUETAT JR, Cesar. Laicidade, laicismo e secularização: definindo e esclarecendo conceitos. **Revista Sociais e Humanas**, v. 21, nº 1, p. 67-75, 2008.

SILVA, Luis Gustavo Teixeira da. Religião e política no Brasil. **Latinoamerica. Revista de Estudios Latinoamericanos**, nº 64, p. 223-256, 2017.

SPYER, Juliano. **Povo de Deus: Quem são os evangélicos e porque eles importam**. São Paulo: Geração Editorial, 2020. E-book Kindle.

TEIXEIRA, F.; MENEZES, R. (org.). **As religiões no Brasil**: continuidades e rupturas. Rio de Janeiro: Vozes, 2006.

ZUBER, Valentine. A Laicidade Republicana em França ou os Paradoxos de um Processo Histórico de Laicização (séculos XVIII-XXI). **Ler História**, nº 59, p. 161-180, 2010.

Capítulo 4

Liberdade de Expressão: Há Limites para o Humor?

Fernanda França Fernandes

A liberdade de expressão é um tema que tem sido pauta dentro de muitos debates, sobretudo após o avanço da tecnologia, que ampliou as possibilidades de comunicação entre as pessoas. As discussões giram em torno da dicotomia entre a liberdade e o limite. Afinal existem regras do que pode ou não pode ser dito num debate de ideias? Quem determina os limites de até onde se pode ir a uma discussão ou exposição?

As leis e diretrizes as quais a sociedade se orienta se baseiam em dois instrumentos: A Declaração Universal dos Direitos Humanos (1948, p. 4) traz, em seu texto, o artigo 19: "todo o indivíduo tem direito à liberdade de opinião e de expressão, o que implica o direito de não ser inquietado pelas suas opiniões e o de procurar, receber e difundir, sem consideração de fronteiras, informações e ideias por qualquer meio de expressão". E o artigo 5º da Constituição Brasileira que trata do direito dos indivíduos à igualdade e à liberdade é bastante específico no inciso 9: "É livre a expressão da atividade intelectual, artística, científica e de comunicação, independentemente de censura ou licença". Este assunto é bastante delicado, especialmente no Brasil cuja história é marcada pela passagem sombria de censuras e restrições severas de direitos a determinados indivíduos considerados subversivos, por parte de um governo autoritário que permaneceu no poder por mais de 20 anos (FAUSTO, 2012). Por isso, é tão importante o texto da Constituição promulgado em 1985 pois marca a ruptura com esse regime, abrindo para a sociedade a oportunidade de viver a liberdade plena e a democracia, esperadas por tanto tempo.

Mas quando se fala em humor e liberdade de expressão, as opiniões se dividem e se afastam do consenso sobre os limites éticos nas expressões do humor. É muito tênue a distância entre uma piada que envolve uma série de representações sociais estereotipadas e o desrespeito a determinados grupos ou indivíduos, que algumas piadas podem ter. Por isso, consideramos importante construir os pilares dessa discussão, trazendo à baila dois conceitos que balizam as relações numa sociedade: a ética e a moral. Estes conceitos são comumente confundidos pelo senso comum e até caminham juntos, mas são diferentes em sua natureza. A moral tem a ver com os costumes, pois reúne um conjunto de normas e hábitos que orientam a vida em grupo. Está diretamente ligada à cultura, podendo estes costumes estarem reservados apenas a determinado grupo. A ética diz respeito aos princípios e tem caráter reflexivo. Uma postura ética tem a ver com o indivíduo ter consciência de si e dos outros, se responsabilizando pelos seus atos. Em tese, dentro dos limites morais o indivíduo encontra respostas sobre como agir, em conformidade com normas e cultura da sociedade em que vive. A ética vai além dessa conformação. É pela ética que o indivíduo "fura" a bolha moral e tem a capacidade de questionar os porquês de determinadas coisas e situações (CHAUÍ, 2002).

Outros dois conceitos importantes podem ser somados ao entendimento construído aqui e que também passam pelo viés da moral e da ética, é a diferença entre o juízo de fato e o juízo de valor, mencionados pela filósofa Marilena Chauí (2002). O primeiro, como o próprio nome já diz, um fato é uma constatação, diz respeito à natureza das coisas como elas são. O juízo de valor é um julgamento, uma avaliação que se faz sobre todas as coisas, pessoas, sentimentos, acontecimentos etc. baseada na cultura em que se vive. Um bom exemplo para melhor compreender esse conceito é do significado do objeto "cadeira". É incontestável o fato que uma cadeira tem a função de sentar em qualquer parte do mundo, mas adjetivar a cadeira como "boa ou ruim", "feia ou bonita", "confortável ou desconfortável" vai depender de como a cultura constitui seus paradigmas para avaliar as questões que se apresentam.

Humor

A palavra humor vem do latim *humore* e significa líquido. Ela vem da medicina dos gregos antigos e a teoria era que o corpo humano tinha quatro fluidos corporais, cada um responsável pela saúde física e emocional dos indivíduos. No dicionário da língua portuguesa, além deste significado mencionado, encontra-se ainda a expressão "estado de espírito" e por isso também pode ser relacionada com a disposição para o riso e a capacidade de apreciar ou expressar o que é cômico (PAVAN, 2020 p. 755).

Adilson Moreira (2019) relata que existem três teorias que explicam o humor. A teoria da superioridade baseia-se na representação dos sujeitos/grupos que são considerados inferiores. O autor explica que esta teoria foi proposta por Thomas Hobbes que afirma que o "riso é o resultado de um sentimento de glória pessoal, produto da comparação com situações ridículas pelas quais as pessoas passam" (p. 71). Em outras palavras, superioridade tem a ver com hierarquia, onde um grupo dominante tem facilidade e aval de fazer piadas com o grupo considerado inferior. Moreira relembra ainda que essa teoria tem como base também a teoria da identidade social, que estuda o relacionamento entre grupos sociais. A premissa desta teoria é que as pessoas estão sempre competindo umas com as outras, em troca de estima social.

A segunda teoria é a psicanalítica. Freud deu uma importante contribuição para o tema com seu estudo "Os chistes e sua relação com o inconsciente". O chiste é uma formação inconsciente proposta por Freud em sua obra, com uma característica especial: É o único (das 4 formações inconscientes propostas por Freud) cujo processo é social, ou seja, precisa necessariamente da validação do outro. Em linhas gerais, para Freud o humor é uma espécie de álibi para alguma verdade que o sujeito não consegue/quer assumir (MORAIS, p. 115). Vem daí a máxima "brincando se fala toda a verdade que quer".

A teoria da incongruidade caracteriza-se por uma situação cômica cujo auge é a "experiência frustrada". Piadas de duplo sentido, *non sense*, onde a associação de ideias opostas são a receita para fazer as pessoas rirem. Um exemplo desse tipo de humor são as pegadinhas televisivas e as tão conhecidas videocassetadas que por anos animaram os domingos da televisão brasileira no programa do Faustão (Rede Globo).

Essas teorias se expressam através de várias formas como por exemplo a comédia, que é o uso do humor através das artes cênicas. Há várias outras formas de expressão, desde paródias, charges e os atuais memes, até as mais corriqueiras como charadas, piadas e anedotas.

Piadas têm limites?

O que faz uma piada ser engraçada? É possível fazer piada com qualquer tema?

Conforme já dissemos anteriormente, o tema é considerado polêmico, pois envolve a discussão entre censura e liberdade de expressão. E o elemento que faz uma piada ser engraçada é justamente a comparação, seja entre pessoas ou ao engano, ou ao absurdo. O humor também ocorre de uma quebra na linearidade, como por exemplo, quando estamos observando uma pessoa andando na rua e de repente essa pessoa escorrega e cai. Ainda que o acontecimento seja por vezes trágico, observar a cena pode nos provocar risos, porque ocorreu uma mudança brusca naquela cena. Contudo, a cena só parece engraçada porque não aconteceu conosco, estamos observando e como espectadores podemos rir (?). No entanto, para a pessoa que escorregou pode não ter sido tão engraçado, porque uma queda pode provocar um machucado sério. Este é um exemplo bem simples, mas nos ajuda a entender que "toda história tem dois lados". Então, cabe o questionamento: Todas as piadas são engraçadas? Dá para fazer piada com qualquer tema? Que tipo de construção social torna determinadas piadas engraçadas? O desafio dessas perguntas é justamente o equilíbrio entre "ser livre" para expressar o que bem entender e respeitar o outro em sua dignidade.

O cerne da piada

Toda piada expressa uma ideia. E nenhuma ideia surge do nada. A sociedade se estabelece através de aparatos culturais que balizam todos os processos sociais que circulam entre as pessoas. Quando falamos em ética e moral social, estamos evocando conceitos que explicam como as relações sociais se dão e principalmente os papéis de cada pessoa dentro dessa dinâmica social. Logo, questionar a linha tênue entre liberdade de expressão e limites é uma indução ao erro, pois coloca de lado acontecimentos e fenômenos que são inquestionáveis. A liberdade de expressão é uma abstração que não contempla determinadas discussões que são factuais, a exemplo das discriminações em geral e principalmente do racismo. Retomaremos esse assunto mais adiante, mas, por ora, é importante reiterar que a dicotomia liberdade *vs.* limite pode confundir a discussão, pois induz os indivíduos a reduzir o tema ao caráter individual, um debate que é substancialmente coletivo. Porque quando alguém faz uma piada de cunho racista, homofóbico ou gordofóbico, o interlocutor não está (só) ofendendo individualmente quem é negro, gordo ou LBTQIAP+, que possa eventualmente estar presente, ouvindo a piada. O humorista, quando profere tais piadas, não só ofende um grupo, mas também colabora para perpetuar ideias preconceituosas através de estereótipos discriminatórios. E para o caso de negros e pessoas da comunidade LBTQIAP+, os dados estatísticos crescem a cada dia e comprovam que a propagação desses preconceitos pode ser letal.

Outra questão que confunde o debate é a diferença entre o caráter ético e o caráter moral da piada. Ultimamente, alguns humoristas têm se sentido censurados por insistirem em abordar temas sensíveis em seus shows, sobretudo os artistas de *stand up comedy*, que estão mais em voga no momento. Alguns desses artistas já sofreram, inclusive, sanções penais por meio de processos por parte da sociedade civil, ou mesmo de indivíduos que se sentiram atacados por humoristas em suas exposições. Eles relatam se sentirem tratados como criminosos, alegando que sua liberdade de expressão está ameaçada e argumentam que no passado esses temas podiam ser abordados, sem que a "patrulha do politicamente correto" cerceasse sua (suposta) liberdade. Esta informação é baseada em diversos casos que ocorreram nos últimos anos, com humoristas como Rafinha Bastos, Danilo Gentili entre outros. Numa rápida busca no *Google* com a palavra-chave "humorista processado", os resultados trouxeram inúmeros casos em que os humoristas foram levados a justiça por terem feito piadas sobre estupro, gordofobia, pedofilia e até misoginia. Um desses casos ocorreu em maio de 2023, quando o show do humorista Léo Lins foi removido das plataformas de *streaming*, após uma decisão judicial movida pelo Ministério Público de São Paulo. O espetáculo intitulado "Perturbador" tinha em seu texto uma série de piadas, cujos temas estavam expostos no cartaz de divulgação, dando uma ideia do que poderia se esperar do show. A ilustração simula o ator saindo de uma caixa surpresa com tarjas coloridas, com os escritos Racismo, Gordofobia, entre outros ilegíveis. A sinopse do *show* é ainda mais escrachada:

> Após turnê Bullying Arte que foi recorde de público e de censuras, LÉO LINS está de volta, ainda mais pesado com o show PERTURBADOR. **Fazer rir com temas delicados é como cuspir fogo:** quando feito por um profissional é uma arte, do contrário alguém vai se queimar.

O grifo nosso chama atenção para a malícia contida já na sinopse: o artista não é ingênuo e sabe que tais assuntos são inconvenientes quando figuram a cena do humor. Entre comentários jocosos a respeito de crimes como pedofilia e zoofilia e tragédias, como o incêndio na Boate Kiss, um trecho do texto viralizou nas redes sociais e causou revolta. Abordando a questão da negritude, o artista diz: "*Negro não consegue achar emprego, mas na época da escravidão já nascia empregado e achava ruim*".

A despeito do deboche com o qual o assunto do desemprego é tratado – problema este aprofundado pela pandemia de Covid-19, mas, sobretudo, pelas políticas neoliberais dos últimos anos – rememorar a pior tragédia da humanidade, a escravização de pessoas negras oriundas do continente africano é, no mínimo, ignóbil. Tal humorista é reincidente no quesito sanções judiciais e não é a primeira vez que seu trabalho gera polêmica. Desta vez, a ação da justiça gerou comoção entre alguns artistas da classe, que saíram em defesa do colega, alegando que se tratava de "censura". Um deles chegou a afirmar em suas redes sociais que Léo Lins *"tem o direito de ofender... Pra mim democracia não é um regime pra você defender as suas ideias, mas pra quem você não concorda poder defender as delas"*. No entanto, o que esses humoristas defendem não são a democracia e a liberdade, mas o direito de incitar o ódio.

O caráter ético da piada

Nos anos 80 e 90, era muito comum ter como protagonistas de quaisquer tipos de piadas e esquetes humorísticas pessoas representando bêbados, pobres, *gays*, mulheres e até etnias como figuras esdrúxulas. Tudo que era considerado diferente, frágil ou ridículo era alvo de piadas. Deste período, a história soma três grandes artistas negros, cujo sucesso estava diretamente atrelado ao estereótipo que os personagens por eles interpretados representavam. Sebastião Bernardes de Souza Prata, mais conhecido como Grande Otelo, dentre os vários personagens que engrandeceram sua carreira, ficou conhecido por sua participação no programa humorístico Escolinha do Professor Raimundo (TV Globo). Ele interpretava Seu Eustáquio e o figurino usado por ele (jardineira e boné virado para o lado) corroborava com o estereótipo de um menino ingênuo que nunca sabia responder às perguntas do professor e que, apesar de sempre receber cola da colega, nunca conseguia dar a resposta correta.

Augusto Temístocles da Silva Costa, era Tião Macalé, personagem que participou de inúmeros programas de humor na Tv Globo, mas sua popularidade se ampliou quando passou a participar do programa Os Trapalhões. Apesar de seu inegável talento e grande sucesso, suas participações eram sempre coadjuvantes e a sua marca registrada era o bordão "nojento, tchan", seguido do largo sorriso simpático, mas que, no entanto, faltavam-lhe quatro dentes da frente. Antônio Carlos Bernardes Gomes foi o Trapalhão Mussum e, todo enredo que este personagem estava envolvido tinha, como característica principal, a malandragem e o consumo excessivo de bebida alcoólica.

E o que estes três personagens tinham em comum? Pode parecer estranho questionar a construção desses personagens que fizeram tanto sucesso e arrancaram tantas risadas do público, à época. Contudo, há que se questionar o lugar reservado ao negro na televisão brasileira dos anos 80 e 90, cuja hegemonia cultural era refletida pelo discurso estratégico do branqueamento, que insistiu por muito tempo em manter viva no imaginário social a figura do negro como inferior e servil, retratada na televisão (ARAÚJO, 2010). A cultura, balizada pelos valores morais e veiculada pela hegemonia midiática e que controlava toda a narrativa oferecida àquela geração, tinha como principal norteador o mito da democracia racial que negava o racismo que era estruturante nas relações sociais (ALMEIDA, 2019). Por estes dois conceitos (e por mais alguns que abordaremos mais adiante) é possível afirmar que a ausência de questionamentos sobre esses lugares à época se dava, pois **na cultura daquele tempo era moral ser racista**. Obviamente, o racismo retratado por essa hegemonia sempre foi criticado dentro nos movimentos negros, mas essa luta só começa a mostrar seus frutos mais recentemente, não só com o aumento da representatividade negra na mídia brasileira, mas também com o franco questionamento em alguns estereótipos ainda veiculados.

Toda piada tem um tipo de provocação, o que consequentemente denuncia que toda piada tem um alvo. Uma piada, além de fazer as pessoas rirem, cumpre a função social de reproduzir e propagar ideias, reforçando estereótipos. Estes alvos geralmente são minorias cujo preconceito é validado e perpetuado através de termos pejorativos. A representação dessas minorias nos enredos das piadas tem sido questionada em relação ao seu potencial ofensivo, tendo em vista que os enredos giram em torno da ridicularização, da humilhação e do desprezo às características dessas pessoas. Coincidência ou não, as piadas mais populares são as que ofendem as minorias. E a teoria da superioridade pode explicar esse fenômeno, porque diz justamente da hegemonia social do grupo dominante que busca afirmar sua superioridade, oprimindo grupos que considera inferiores. E esse é o ponto nevrálgico da discussão, porque a sociedade – por diversas razões que infelizmente não cabem nesse texto – tende a naturalizar a violência que é direcionada para determinados grupos, a exemplo das piadas racistas, homofóbicas e misóginas. Os humoristas geralmente tentam se defender, alegando que são "apenas piadas" e que estas não expressam opinião. O que estes artistas não mencionam é que este argumento minimiza a questão e esvazia o debate, porque escancara um sintoma social do qual a sociedade moderna padece.

Um bom exemplo disso é o uso da expressão "humor negro" para se referir àquelas piadas cujos temas abordam o absurdo, são sensíveis ou extremos, como a morte ou as violências. O termo por si só é problemático porque associa a palavra "negro" ao negativo, reforçando ainda mais o racismo. Além disso, alguns humoristas insistem em questionar o "direito" de poder expressar o absurdo, não importa a quão inadequada seja uma piada. Usando a justificativa da liberdade de expressão, o *youtuber* Monark defende o direito de humoristas fazerem piadas com abuso sexual infantil, por exemplo; *"Eu não faria, mas qual o problema de alguém fazer?".*

O assunto tem sido muito discutido principalmente em canais independentes de criação de conteúdo na internet e o que alguns humoristas dizem é que eles têm se sentido cerceados por fazer piadas (que eles consideram como) "polêmicas". Conforme comentamos no item anterior, a maioria das argumentações são fundamentadas na máxima "ninguém é obrigado a assistir/ ouvir, se não gostou é só desligar/mudar de canal". Alguns até reconhecem que muitas piadas podem ser "pesadas", mas a argumentação segue na defesa da liberdade de se poder fazer piada com qualquer assunto. Esses tipos de argumentos são rasos e ao mesmo tempo desonestos por dois motivos: Primeiro porque coloca na mão do espectador a responsabilidade crítica, considerando que a ofensa se deve ao fato do espectador ser "frágil" ou não ter "senso de humor" e a defesa segue no sentido da não-intenção de ofender, logo, a "maldade" estaria no julgamento do espectador. Este é um movimento pérfido escancarado de culpabilização do espectador, eximindo assim o humorista da responsabilidade de refletir e se autoavaliar, sob um crivo ético, se a piada é conveniente ou não. O segundo ponto, diz respeito ao aspecto preconceituoso do humor. Quando um humorista defende seu direito de fazer piadas ofensivas usando os argumentos do primeiro ponto, demonstram que estão bem distantes da realidade social as quais vivem os alvos das piadas, ignorando a capacidade que a piada tem de perpetuar estereótipos. Porque a piada cria a ilusão que as ideais expressas em seus enredos estão distantes da realidade, por tratarem de assuntos difíceis com a suposta leveza do humor. A piada cria uma ilusão que ela não exprime o sentimento das pessoas, quando na realidade ela só parece ser engraçada porque a pessoa corrobora com a ideia que a piada traz.

Do politicamente correto ao *"mi mi mi"*

O humor deve ter um compromisso social? É possível distanciar uma piada de um preconceito? A discussão sobre o tal "politicamente correto" descortina uma realidade: o mundo está mudando e daqui para a frente não vai ser mais possível aglutinar pautas, como antes. É possível dizer que neste novo tempo, a ética fala mais alto que a moral, ou seria a moral que está sendo reformulada por uma contra hegemonia que vem se construindo através de estudos decoloniais, onde minorias se empoderam de séculos de histórias de apagamentos culturais e balançam as estruturas da cultura dominante (HALL, 2002)?

Todavia, esse abalo não sairia impune e o preço a ser pago por essa justa ocupação dos espaços é a tentativa de esvaziamento das lutas, por parte de quem está do lado da hegemonia. Qualquer tentativa de crítica ao status quo é caracterizada como "patrulha do politicamente correto". No caso do humor, para se proteger do "contra-ataque" dos grupos alvo das piadas, toda argumentação é reduzida a uma expressão propagada nas redes sociais, o famoso *"mi mi mi"*. Este termo tem sido usado para (reduzir, apagar) definir o discurso das militâncias, como a antirracista por exemplo. É claro que sabemos que nem toda piada é racista ou preconceituosa, porém toda piada tem um alvo a ser ridicularizado. E a problemática trazida aqui gira em torno do preconceito e da discriminação por trás das piadas. Adilson Moreira (2019) diz que o humor racista é uma forma das pessoas brancas usam para endossar um sistema de opressão que os beneficia, no entanto, ofensas e humilhações trazem o disfarce da suposta leveza do humor. A estratégia então é apelar para o caráter benigno da piada e assim virar o jogo reduzindo mesmo os mais sólidos argumentos a um mero *"mi mi mi"*. Relativizar questões que são muito caras para o debate público é bastante sério e preocupante. O descompromisso de alguns atores sociais com as agendas das minorias só engrossa o coro de quem não quer perder o conforto do status quo hegemônico. Sobretudo pessoas que tem certa relevância na cena pública, vozes que tem espaço e tempo na mídia, mas que não se colocam a serviço de cumprir o papel social de defender a pauta antirracista e antidiscriminatória. Uma hegemonia que nunca foi questionada e sequer está acostumada a ter de se defender, que na realidade não assume que está invadindo o espaço do outro, ofendendo e humilhando, além de reforçar estereótipos não mais aceitos.

Humor diverte... a quem?

Adilson Moreira, em seu livro 'Racismo Recreativo' (2019), demarca que piadas racistas são a manifestação da ausência de respeito. E apesar da tentativa de distanciar o humor da discriminação, todos os dias os casos de racismo comprovam que essa distância não existe, como no caso de Débora (BBC News Brasil, 2019) que viu uma foto sua postada numa rede social virar um meme na internet e nunca mais conseguiu ter paz.

No ano de 2012, Débora tomou os óculos de sol emprestado de seu primo, fez uma fotografia *selfie* e postou em sua rede social. O que ela não sabia é que sua foto seria compartilhada, se tornando rapidamente um viral na internet, ou seja, um meme. Na imagem, ela era chamada de "Diva da *Oakley*", em alusão à marca dos óculos que usava e a imagem que foi compartilhada milhares de vezes, acompanhada do tom jocoso das legendas nos compartilhamentos, levava ainda a comparação com outras mulheres consideradas bonitas num tom de "brincadeira".

Débora virou meme por estar fora do padrão de beleza imposto pela sociedade. Ela tinha 15 anos à época e deixou de ir para a escola, teve depressão e tentou suicídio, por não aguentar a humilhação que sofrera. Este é um exemplo do racismo contido dentro do humor e mostra com detalhes o dano psicológico e moral que as piadas racistas produzem (MOREIRA, 2019). Casos como este acontecem com frequência e o que vemos é que, mesmo sendo levado às instâncias superiores de justiça, o racismo ainda é desacreditado por aqueles que deveriam proteger os cidadãos de situações vexatórias. Essa situação fala ainda das estruturas da nossa sociedade que foram forjadas com bases sólidas no colonialismo e no regime escravagista, estruturante das relações sociais (ALMEIDA, 2019).

"O mundo tá chato..." O mundo mudou!

Após refletir sobre todas essas questões expostas até aqui, chegamos ao ponto principal de toda essa discussão: Como é possível defender a liberdade de expressão, se na maioria das vezes o humor tem como alvo principal grupos que são também alvos de sistemas de opressão social? Atualmente, os crivos do senso ético estão muito apurados e não permitem mais que nenhum preconceito passe impunemente. É importante ressaltar que a liberdade de expressão não é um aval irrestrito para a reprodução de preconceitos. Por isso foi importante trazer à baila a diferenciação entre ética e moral.

"O mundo tá muito chato" é a expressão do descontentamento daqueles que se mantém presos à cultura de um tempo que nada era questionado. *"O mundo tá chato"* apenas para os que não estão em evidência no centro das piadas, expostos por um humor ácido que é preconceituoso e discriminatório. Essa frase, frequentemente repetida pelos tais

críticos do politicamente correto e faz alusão a um período não muito distante da história, onde era normal se fazer piadas depreciativas com pessoas negras, gays, mulheres, deficientes... Piadas que eram supostamente engraçadas, porque todos riam. Será? Por que os negros, por exemplo, não se pronunciavam contra o preconceito perpetuado nas piadas, como fazem agora? O que mudou? Por que antigamente não havia revolta quando uma pessoa branca dizia para outra pessoa negra, se usando uma roupa preta ela estivesse, que ela parecia estar nua? Ou que se ela não sorrisse numa foto tirada a noite, ela não apareceria? Por que as pessoas aceitavam esse tipo de "brincadeira"?

Essa é uma discussão que Frantz Fanon fez com muita qualidade em seu livro 'Pele negra, máscaras brancas' (2020), sobre o complexo de inferioridade. O racismo sempre foi um fator que operou exclusão e discriminação na sociedade. Por isso, historicamente, a imagem do negro foi construída baseada no "paralelismo entre cor negra e posição social inferior" (SOUZA, 1983 p. 19). Isso significa que todas as interações sociais de uma pessoa negra passavam pelo racismo e suas experiências negativas afastavam qualquer possibilidade de identificação com seus pares, fato endossado pela ideologia do embranquecimento. Ou seja, ser negro é ruim por causa do racismo, então os negros buscam a brancura para serem aceitos.

O processo de colonização vivido por diversos países, e no Brasil de forma profunda, promoveu o apagamento de toda cultura que não fosse a do colonizador, ao que chamamos de hegemonia cultural desde o início deste trabalho. Esse apagamento – da cultura, da história e da ancestralidade – promovida pelos processos de colonização, principalmente na escravidão, opera de maneira a fazer com que o negro deseje ser como o branco.

> Se ele se encontra a tal ponto submerso pelo desejo de ser branco, é que vive em uma sociedade que torna possível seu complexo de inferioridade, em uma sociedade cuja consistência depende da manutenção desse complexo, em uma sociedade que afirma a superioridade de uma raça; é na medida exata em que esta sociedade lhe causa dificuldades que ele é colocado em uma situação neurótica (FANON, 2020, p. 115).

Fanon nos ajuda a entender a questão, sintetizando o dilema fundamental das pessoas negras numa sociedade colonizada. Numa situação de desvantagem social, ansiando pela aceitação precisava branquear-se ou veria sua psique desaparecer, engolido pela hegemonia cultural. O negro então, por não se saber negro, quando colocado numa situação de exposição ao ridículo por uma piada, a consciência de si deturpada pelo racismo o fazia crer que aquela realidade era crível.

> Um certo modo de reação apática, fruto da introjeção da imagem do negro constituída pelo branco, onde o negro reconhece tacitamente sua inferioridade, e a postura evitativa da confrontação ombro-a-ombro com o branco eram tipos de resposta do negro ao preconceito de cor que se configurava não só em obstáculos à ascensão, como redundavam em verdadeiros danos à sua imagem, conduzindo-o a avaliações autodepreciativas (SOUZA, 1983, p. 22).

E agora, o que mudou? A cultura não é uma entidade estática e é possível afirmar que muitos conceitos morais de anos atrás, hoje já não cabem mais em alguns espaços. Podemos talvez associar essas mudanças à luta incansável de movimentos sociais (e aí não só dos movimentos negros, mas de todos os grupos organizados a favor das minorias), o avanço da tecnologia que amplia e propaga o conhecimento, e o empoderamento das minorias em relação à autoimagem e aceitação, faz com que as pessoas entendam como o ciclo de violências perpetuados pelo humor preconceituoso e discriminatório deve ser combatido. E isso não significa que o humor deve acabar ou as piadas devem ser censuradas, mas é preciso ter cautela, senso ético e consciência crítica na hora de se fazer uma brincadeira; porque, como diria o ditado popular, rir é o melhor remédio, mas uma coisa é rir do outro, outra coisa é rir com o outro.

Referências

ALMEIDA, Sílvio Luiz. **Racismo Estrutural**. Editora Pólen: São Paulo, 2019

ARAÚJO, Joel Zito (Organizador). **O Negro na tv pública**. Brasília: Fundação Cultural Palmares, 2010.

BRASIL. Constituição (1988). **Constituição da República Federativa do Brasil**. Brasília, DF: Senado Federal: 1988. Disponível em: http://www.planalto.gov.br/ccivil_03/constituicao/constituicao.htm . Acesso em: 27/06/2021

CHAUÍ, Marilena. **Convite à filosofia**. São Paulo: Editora Ática, 2002.

FANON, FRANTZ. **Pele negra, máscaras brancas**. São Paulo: Ubu Editora, 2020.

FAUSTO, Boris. **História do Brasil**. Edusp: São Paulo, 2012.

HALL, S. As culturas nacionais como comunidades imaginadas; Globalização; O global, o local e o retorno da etnia. In: **A identidade cultural na pós-modernidade**. Rio de Janeiro: DP & A, p. 47-89, 2002.

MORAIS, Marília Brandão Lemos. **Humor e Psicanálise**. Estudos de Psicanálise. nº 31. p. 113 - 123. Salvador: outubro, 2008

MOREIRA, Adilson. **Racismo recreativo**. São Paulo: Pólen, 2019.

ORGANIZAÇÃO DAS NAÇÕES UNIDAS. **Declaração Universal dos Direitos Humanos, 1948**. Disponível em: https://www.unicef.org/brazil/declaracao-universal-dos-direitos-humanos Acesso em: 27/06/2021

PAVAN, Ricardo. Representações identitárias na cultura midiática – o lugar do estereótipo na produção humorística. **INTERAÇÕES**, Campo Grande, MS, v. 21, nº 4, p. 753-764, out./dez. 2020 DOI: http://dx.doi.org/10.20435/inter.v21i4.2777

SOUZA, Neusa Santos. **Tornar-se negro**. Rio de Janeiro: Graal, 1983.

Web Referências

CORREIO BRASILIENSE. Por Natasha Werneck - Estado de Minas. Agosto/2022. Monark defende quem consome pornografia infantil: 'Não sei se é criminoso'.https://www.correiobraziliense.com.br/diversao-e-arte/2022/08/5029215-monark-defende-quem-consome-pornografia-infantil-nao-sei-se-e-criminoso.html

BBC News. Por Vinícius Lemos. Julho/2019. Virei meme e minha vida se tornou um pesadelo. https://www.bbc.com/portuguese/geral-49041846

Quebrando Tabu. Por Vítor di Castro. SAC QUEBRANDO: Limites do humor. https://www.youtube.com/watch?v=Fa7A1eDf5-E

Massa Real. Por Pedro Arantes. Documentário: O Riso dos outros. https://www.youtube.com/watch?v=uVyKY_qgd54

Canal Cortes do Flow. Limite do humor #256. https://www.youtube.com/watch?v=3_4V9eAx7ls&t=177s

Canal Cortes do Flow. Limite do humor #158. https://www.youtube.com/watch?v=4IZQSdP920Q

Canal Cortes do Flow. Deve existir limites com piada e humor? https://www.youtube.com/watch?v=ncDUvMSF1X8

Canal Cortes do Flow. Existe limite no humor? https://www.youtube.com/watch?v=LAP61tzHb2Y&t=313s

Canal Mulheres da Pan. Leo Lins defende piadas sobre estupro. https://www.youtube.com/watch?v=me2FlIp_pX8&t=1s

Canal Cortes do Podpah. Humor tem limites? https://www.youtube.com/watch?v=5oTfP-KepYM&t=19s

Canal Cortes do minutinho. Humor tem limites? https://www.youtube.com/watch?v=MokRVHsEmnE&t=10s

Canal GNT: Mude Minha Ideia | Quebrando o Tabu. Qual é o limite do humor? Fábio Porchat https://www.youtube.com/watch?v=6Rv-5NPU064

Canal GNT: Mude Minha Ideia | Quebrando o Tabu. Você acha que piada tem limite? Fábio Rabin https://www.youtube.com/watch?v=7EonFIoides

Memória Globo. Perfil completo: Mussum. https://memoriaglobo.globo.com/perfil/mussum/perfil-completo/

Memória Globo. Escolinha do Professor Raimundo: Personagens

https://memoriaglobo.globo.com/entretenimento/humor/escolinha-do-professor-raimundo/personagens/

Wikipédia. Tião Macalé. https://pt.wikipedia.org/wiki/Ti%C3%A3o_Macal%C3%A9

Carta Capital. Entenda a decisão judicial contra o humorista Léo Lins por piadas sobre a escravidão. https://www.cartacapital.com.br/justica/entenda-a-decisao-judicial-contra-o-humorista-leo-lins-por-piadas-sobre-escravidao/

UOL Colunas. Léo Lins é condenado e paga 5 mil a Cacique alvo de piada. https://noticias.uol.com.br/colunas/rogerio-gentile/2023/06/06/leo-lins-e-condenado-a-pagar-r-5-mil-a-cacique-alvo-de-piada.htm

Veja Coluna. O crescimento de Léo Lins no Instagram após decisão judicial

https://veja.abril.com.br/coluna/tela-plana/o-crescimento-de-leo--lins-no-instagram-apos-decisao-judicial

UOL Notícias da Tv. Fábio Porchat passa pano para piadas de Léo Lins: Ele tem o direito de ofender. https://noticiasdatv.uol.com.br/noticia/celebridades/fabio-porchat-passa-pano-para-piadas-de-leo--lins-ele-tem-o-direito-de-ofender-102666

UOL Notícias. Danilo Gentili defende Léo Lins e diz que o humorista foi censurado. https://www.uol.com.br/splash/noticias/2023/06/02/danilo-gentili-defende-leo-lins-e-diz-que-humorista-foi-censurado.htm

UOL Rolling Stone. Fábio Porchat defende Léo Lins que faz piadas com minorias: qual é o problema legal? https://rollingstone.uol.com.br/noticia/fabio-porchat-defende-leo-lins-faz-piada-com-minorias-e-qual--o-problema-legal/

Capítulo 5

Fake News e sua Relação com o Direito à Liberdade de Expressão[1]

Luiz Felipe Sangi do Nascimento

Introdução e conceito

O termo *fake news*, cuja tradução literal é "notícia falsa", ganhou imenso destaque nos noticiários internacionais na segunda metade da década de 2010, especialmente após a eleição de Donald Trump para a presidência dos Estados Unidos em 2016 e o *Brexit* (processo de saída do Reino Unido da União Europeia (UE)), no mesmo ano. A expressão se tornou tão famosa que foi eleita a palavra do ano pelo dicionário em inglês da editora britânica Collins em 2017, ano em que as pesquisas pelo significado do termo aumentaram em 365% em comparação com o ano anterior [2].

Pesquisa realizada em 2019 pelo instituto Ipsos no Canadá revelou que 86% dos entrevistados afirmaram já ter acreditado em pelo menos uma *fake news*. A pesquisa também apontou que as mídias sociais são responsáveis por 82% das *fake news* propagadas. 77% dos usuários do Facebook afirmaram já terem se deparado com notícias falsas na rede social, enquanto esse número é de 62% entre os usuários do Twitter[3].

---

1 Este capítulo reflete alguns resultados da pesquisa realizada pelo NUPEGRE (Núcleo de Pesquisa em Gênero, Raça e Etnia) da EMERJ, realizada em 2021 a partir da análise das atas das reuniões da COEM (Coordenadoria Estadual da Mulher em Situação de Violência Doméstica e Familiar). Portanto, agradecemos à equipe de pesquisa composta, além de nós, por: Maria Helena Barros, Rosangela Pereira, Elaine Santos, Vanessa Santos e Thalyta Eloah.

2 Para mais informações, ver artigo "'Fake News' é eleita palavra do ano e ganhará menção em dicionário britânico", publicado pela BBC News Brasil em 02/11/2017. Link: https://www.bbc.com/portuguese/internacional-41843695

3 Para mais informações, ver artigo: "Pesquisa revela que quase 90% das pessoas já acreditaram em fake news", publicado pelo jornal O Estado de S. Paulo em 12/06/2019. Link: https://internacional.estadao.com.br/noticias/geral,pesquisa-revela-que-quase-90-das-pessoas-jaacreditaram-em-fake-news,70002867141

No Brasil, pesquisa realizada pelo Instituto de Pesquisas Sociais, Políticas e Econômicas (Ipespe) e encomendada pela Federação Brasileira de Bancos (Febraban) constatou que 86% dos usuários de internet brasileiros demonstra algum grau de preocupação com *fake news*: 54% dos entrevistados dizem ser "muito preocupados" com o tema, 32% afirmaram ser "um pouco preocupados" e apenas 12% afirmaram não ter "nenhuma preocupação". Em relação à checagem de conteúdo, 51% dos entrevistados afirmaram que "sempre checam" a veracidade das notícias que recebem, 39% disseram que checam "às vezes" e 7% afirmaram "nunca" checar[4].

Tais dados revelam a proporção que o fenômeno da disseminação de notícias falsas tomou na sociedade moderna, atingindo praticamente todos os usuários de internet, que frequentemente se veem em dúvida sobre a veracidade das notícias veiculadas nas mídias sociais.

Apesar de ter se tornado um termo de uso corrente, a conceituação exata de *fake news* é problemática. Como explicam Gruzd e Recuero (2019, p. 32), a expressão é utilizada, de forma rotineira, para designar boatos, rumores e notícias falsas, que circulam, geralmente, pelas mídias sociais. Em comum, todas essas espécies de desinformação têm como característica constitutiva a sua falta de veracidade, total ou parcial.

O termo *fake news* também é, muitas vezes, utilizado por governos autoritários para denominar as notícias veiculadas pela chamada "mídia tradicional", sobretudo jornais e emissoras de televisão, com o objetivo de descredibilizar esses veículos e, indiretamente, enfraquecer a liberdade de expressão. Alguns exemplos dessa prática são a declaração do ditador sírio Bashar Al Asad, que, após a divulgação de um relatório da Anistia Internacional sobre mortes em prisões sírias, disse que "estamos vivendo em uma época de notícias falsas"; e a resposta do governo de Myanmar às declarações de observadores da ONU sobre o genocídio promovido pelo governo do país contra os membros da etnia Rohingya, que classificou as notícias como "falsas" e explicou que "isso não acontecia" naquele país (GOMES; OLIVEIRA, 2019, p. 96/97). O próprio Presidente

4 Para mais informações, ver artigo "'Fake news' são motivo de preocupação para 86% dos internautas, diz pesquisa", publicado pelo Portal G1 em 01/10/2020. Link: https://g1.globo.com/politica/noticia/2020/10/01/fake-news-sao-motivo-de-preocupacao-para86percent-dos-internautas-diz-pesquisa.ghtml

da República, Jair Bolsonaro, frequentemente associa a mídia tradicional às *fake news*[5].

Dessa forma, o uso indiscriminado do termo acaba por confundir a população, que muitas vezes enxerga *fake news* apenas como um xingamento, não fazendo juízo de valor sobre o conteúdo da notícia em si ou, no caso oposto, interpreta qualquer notícia como *fake news*, dada a dificuldade de distingui-las das notícias verdadeiras, o que acaba por desacreditar todos os veículos de mídia.

A fim de distinguir as *fake news* das demais espécies de desinformação, Gruzd e Recuero (2019, p. 33) enumeram três elementos consideram essenciais para a sua definição: 1) O uso de narrativa jornalística e demais componentes noticiosos, próprios das notícias jornalísticas tradicionais; 2) A falsidade da narrativa, que pode ser parcial ou total; e 3) A intenção deliberada de enganar ou produzir falsas percepções nos destinatários da *fake news*.

A definição acima exclui, por exemplo, os boatos e rumores, que embora sejam totais ou parcialmente falsos, não costumam usar as características próprias das matérias jornalísticas, nem tem a intenção deliberada de enganar os seus receptores. Também ficam excluídas as sátiras jornalísticas, a exemplo do que faz a página Sensacionalista, pois, nesse caso, falta a intenção deliberada de enganar o receptor, tendo em vista o cunho humorístico das matérias. A propaganda, ainda que enganosa, também não pode ser classificada como *fake news*, de acordo com a definição apresentada, eis que não utiliza características das matérias jornalísticas.

Wardle e Derakhshan (2017, p. 5) propõem outra classificação, dividindo as espécies de informações falsas em: 1) informação errada (*mis-information*), que são as informações falsas compartilhadas sem o objetivo de causar danos; 2) desinformação (*dis-information*), que consistem em informações falsas compartilhadas com o objetivo de causar danos; e 3) informação má (*mal-information*), que são informações ver-

5 Entre inúmeros exemplos, pode ser citado o episódio recente em que o Presidente acusou veículos de imprensa de serem "fábricas de fake news". Para mais informações, ler artigo "Bolsonaro diz que veículos de imprensa "são fábricas de fake news", publicado pelo site Poder 360 em 15/02/2021. Link: https://www.poder360.com.br/governo/bolsonaro-diz-que-veiculos-de-imprensa-sao-fabricas-de-fakenews/

dadeiras, que normalmente deveriam permanecer na esfera privada, são disseminadas com o fim de causar danos.

Por fim, Hunt Alcott e Matthew Gentzkow (2017) propõe uma terceira definição, conceituando *fake news* como artigos de notícia intencionalmente falsos, cuja falsidade pode ser comprovada, e que podem enganar os leitores. Os autores excluem da definição de fake news os rumores ou boatos que não se originam de uma notícia em particular; as teorias da conspiração, devido à dificuldade de identificar se elas são verdadeiras ou falsas e ao fato de que, muitas vezes, os seus criadores realmente acreditam nelas (deve-se destacar, entretanto, que muitas *fakes news* alimentam teorias da conspiração, vide o exemplo das teorias envolvendo a vacinação contra a COVID-19); as sátiras, pois dificilmente serão interpretadas como notícias verídicas; as declarações falsas de políticos; e, por fim, relatórios com erros factuais não intencionais ou enganosos, mas não totalmente falso (no sentido da parcialidade).

Como é possível notar, não há unanimidade na definição de *fake news*, com vários autores apresentando conceitos mais ou menos abrangentes. Entretanto, pode-se perceber que os teóricos costumam excluir da definição de *fake news* informações que não são intencionalmente falsas, nem tem o propósito de enganar os seus destinatários.

Breve histórico das *fake news*

Se interpretadas em sentido amplo, pode-se dizer que existem *fake news*, em tese, desde o primeiro processo político organizado pela humanidade. Em artigo escrito para a revista américa *The New York Review of Books*, intitulado *The True History of Fake News* (A verdadeira história das *fake news*, em tradução livre), o historiador Robert Darnton faz uma sucinta linha do tempo da história das notícias falsas na era moderna, mostrando sua longa e perene presença no meio da sociedade ocidental.

Em 1522, por exemplo, houve a tentativa de manipulação da eleição pontifícia por Pietro Arentino, que compôs sonetos difamatórios sobre todos os candidatos à papa, exceto o favorito dos Medici, seus patronos. Os sonetos eram fixados no busto de uma figura conhecida como Pasquino, na Piazza Navona, em Roma, a fim de que fossem lidos pelo povo. A partir de então, as chamadas "Pasquinadas" (termo que deu origem à palavra em português "Pasquim") se tornaram um gênero de propagação de notícias a respeito de personalidades públicas, quase sempre com fins difamatórios (DARNTON, 2017).

No século XVII, na França, surgiu o gênero denominado "Canard", que eram publicações impressas frequentemente acompanhadas por gravuras. Embora de início os Carnards veiculassem notícias falsas em geral, esse tipo de publicação ganhou forte conotação política a partir da Revolução Francesa. A rainha da França na época, Maria Antonieta, foi o principal alvo dessas publicações, que certamente contribuíram para a má fama da rainha entre a população francesa, culminando na sua execução em 1793 (DARNTON, 2017).

Embora a difusão de notícias falsas seja uma prática antiga, como visto, foi somente no século XX, com o advento dos meios de comunicação de massa, que foram criadas as condições necessárias para que as notícias falsas se tornassem um fenômeno político e social relevante (OBERCOM, 2018, p. 16).

Uma das *fake news* mais danosas do século XX foi a publicação denominada *Os Protocolos dos Sábios de Sião*. Originalmente publicado de forma seriada no jornal russo Znamya ("A Bandeira", em português), ganhou repercussão após ser traduzido para vários idiomas e publicado como apêndice de um livro do escritor russo Sergei Nilus,

Os Protocolos foram redigidos na forma de supostas atas de reuniões entre lideranças judaicas (os "sábios de Sião"), que planejavam formas de dominar o mundo através do controle da economia, da mídia e do fomento aos conflitos religiosos. Embora um artigo do jornal inglês *Times*, publicado em 1921, tenha comprovado que os *Protocolos* eram uma farsa, tratando-se de um plágio da obra *O Diálogo no Inferno entre Maquiavel e Montesquieu*, sátira política escrita por Maurice Joly contra Napoleão III, sua utilização como propaganda antissemita continuou frequente, sobretudo na Alemanha, onde teve grande papel na máquina de propaganda nazista.

A propósito, o Ministério da Propaganda do Reich Alemão, comandado por Joseph Goebbels entre 1933 e 1945, foi, talvez, o maior aparato de disseminação de *fake news* da história. Como explicado por Richard Evans (2017, p. 151), o Ministério da Propaganda foi criado com o objetivo de conseguir a total legitimação do regime nazista ´perante o povo alemão, além de promover uma mobilização permanente da sociedade em prol do avanço do nazismo, fazendo largo uso de mentiras e informações distorcidas para alcançar tais fins.

Curiosamente, um fato que contribuiu muito para o surgimento da crença nazista no poder da propaganda foi a experiência da primeira guerra mundial, quando o Reino Unido espalhou, com sucesso, várias notícias falsas contra a Alemanha, a fim de denegrir sua imagem (EVANS, 2017, p.151).

Embora a propagação de notícias falsas tenha continuado no pós-guerra, a prática ganhou novo ímpeto nos anos recentes, impulsionada por dois eventos principais: o processo de saída do Reino Unido da União Europeia, chamado de Brexit, e a eleição de Donald Trump como presidente dos EUA em 2016.

Em relação ao Brexit, a campanha favorável à saída do Reino Unido da União Europeia disseminou inúmeras informações falsas com o fito de convencer o povo britânico a votarem pela saída da UE. Por exemplo, foi disseminada a falsa informação de que a UE custava 350 milhões de libras esterlinas aos cofres do Reino Unido por semana, e que, após o Brexit, esse montante seria repassado ao sistema público de saúde[6]. Também foram espalhadas várias *fake news* a respeito da imigração, como o rumor de que a Turquia se juntaria à UE, o que possibilitaria a entrada de multidões de muçulmanos no Reino Unido[7]. Essas *fake news*, que provocaram pânico e repulsa nos setores mais conservadores da sociedade britânica, foram essenciais para a vitória do Brexit no referendo de 23/06/2016.

No tocante à campanha presidencial de Donald Trump em 2016, seus apoiadores, e até mesmo o então candidato à presidência, espalharam diversas informações falsas com o intuito de difamar a imagem do partido democrata e de sua candidata, Hillary Clinton. Os exemplos mais conhecidos dessas *fake news* foram as notícias relacionadas ao chamado "Pizzagate", que consistiria em uma suposta rede de prostituição e tráfico de crianças dirigida pelos líderes do Partido Democrata, que teria como base o porão de uma pizzaria em Washington. Amplamente disseminada em fóruns de discussão anônimos como o *Reddit* e o *4chan*, e posteriormente em *sites* noticiosos da chamada *Alt-Right* (Direita Alternativa), as *fakes news* relativas ao Pizzagate ganharam tanta força que resultaram em uma investigação das denúncias por parte da polícia do Distrito de

6 Fonte: "Art of the lie: Politicians have always lied. Does it matter if they leave the truth behind entirely?". The Economist, 10/09/2016. Link: https://www.economist.com/leaders/2016/09/10/art-of-the-lie

7 Fonte: "Como o Reino Unido chancelou o Brexit e o populismo de Boris Johnson". Jornal Nexo., 22/12/2019. Link: "https://www.nexojornal.com.br/expresso/2019/12/22/Como-o-Reino-Unidochancelou-o-Brexit-e-o-populismo-de-Boris-Johnson"

Colúmbia, que não encontrou nenhum indício da existência da suposta organização criminosa[8].

Tanto o referendo do Brexit quanto a eleição presidencial americana de 2016 tiveram a participação da empresa britânica Cambridge Analytica, especializada em análise de dados, que trabalhou para a campanha de Donald Trump e para a campanha Pró-Brexit. Em apertada síntese, a empresa coletou, via Facebook, os dados de aproximadamente 50 milhões de pessoas, e os utilizou para direcionar, de forma personalizada, propaganda pró-Trump e anti-Hillary Clinton nas eleições americanas, e pró-Brexit no referendo britânico[9]. Acredita-se que o acesso aos perfis desses usuários possibilitou a envio de notícias falsas a milhões de pessoas, principalmente eleitores indecisos, com o fim de influenciá-las eleitoralmente.

Após 2016, o fenômeno das *fake news* ganhou uma dimensão inédita, tanto porque passou a ser conhecido do grande público quanto porque começou a ser largamente utilizado para fins eleitorais, nos mais diversos países do mundo, desde a França[10] até o México[11], tomando proporção gigantesca no Brasil, onde foi fundamental na eleição do Presidente Jair Bolsonaro, cuja campanha fez largo uso da divulgação de notícias falsas para favorecer a imagem do então candidato e denegrir os demais candidatos, sobretudo Fernando Haddad, do Partido dos Trabalhadores[12].

8 Para mais detalhes, ver artigo "Pizzagate: o escândalo de *fake news* que abalou a campanha de Hillary", publicado pela revista Superinteressante em 13/04/2018. Link: https://super.abril.com.br/mundoestranho/pizzagate-o-escandalo-de-fake-news-que-abalou-a-campanha-de-hillary/

9 Fonte: "Entenda o escândalo de uso político de dados que derrubou valor do Facebook e o colocou na mira de autoridades", publicado pela BBC News em 20/03/2018. Link: https://www.bbc.com/portuguese/internacional-43461751

10 Ver artigo "Como a indústria de notícias falsas dominou a eleição da França", publicado pela revista Época em 20/04/2017. Link: https://epoca.oglobo.globo.com/mundo/noticia/2017/04/como-industriade-noticias-falsas-dominou-eleicao-da-franca.html

11 Ver artigo "Eleições mexicanas são tomadas por notícias falsas no WhatsApp e ilustram o que pode ocorrer no Brasil", publicado pela BBC News em 30/06/2018. Link: https://www.bbc.com/portuguese/brasil-44651398

12 À guisa de exemplo do arsenal de fake news utilizado na campanha presidencial de 2018, ver artigo "Cinco 'fake news' que beneficiaram a candidatura de Bolsonaro", publicado pelo Jornal El País em 19/10/2018. Link: https://brasil.elpais.com/brasil/2018/10/18/actualidad/1539847547_146583.html

Portanto, o momento atual apresenta um dos maiores desafios da democracia em décadas: como a democracia poderá resistir ao avanço implacável da indústria de notícias falsas? Eis a pergunta cuja resposta os governos mundiais sofrem para encontrar.

A relação entre *fake news* e liberdade de expressão

O advento da nova era das *fake news* tem provocado várias discussões em torno do tema, tendo em vista sua multidisciplinariedade. Dentre elas, uma das discussões mais importantes a respeito das *fake news* é a sua relação com o direito à liberdade de expressão.

Um dos direitos fundamentais mais importantes, e de reivindicação mais antiga, a liberdade de expressão é consagrada pela Constituição da República Federativa do Brasil (CRFB/88) no art. 5º, IV ("é livre a manifestação do pensamento, sendo vedado o anonimato") e XIV ("é assegurado a todos o acesso à informação e resguardado o sigilo da fonte, quando necessário ao exercício profissional"), bem como no art. 220, §§1º e 2º:

> Art. 220. A manifestação do pensamento, a criação, a expressão e a informação, sob qualquer forma, processo ou veículo não sofrerão qualquer restrição, observado o disposto nesta Constituição.
>
> § 1º Nenhuma lei conterá dispositivo que possa constituir embaraço à plena liberdade de informação jornalística em qualquer veículo de comunicação social, observado o disposto no art. 5º, IV, V, X, XIII e XIV.
>
> § 2º É vedada toda e qualquer censura de natureza política, ideológica e artística.

Ingo Sarlet (p. 623-626), ao analisar a sistematização do direito à liberdade de expressão na CRFB/88, destaca que a nossa atual carta constitucional não adotou o termo "liberdade de expressão" como gênero que inclui as diversas espécies de direitos de manifestação, como a livre expressão artística, a liberdade de comunicação e a livre manifestação do pensamento. Entretanto, a despeito da ausência de uniformidade na terminologia constitucional, não há problema, na visão do autor, em tratar as diversas formas de liberdade comunicativa como dimensões da liberdade de expressão, inclusive por facilitar a sistematização das referidas dimensões.

No âmbito do direito internacional, o direito à liberdade de expressão é positivado no art. 19 da Declaração Universal dos Direitos Humanos (*"Todo indivíduo tem direito à liberdade de opinião e de expressão, o que implica o direito de não ser inquietado pelas suas opiniões e o de procurar, receber e difundir, sem consideração de fronteiras, informações e ideias por qualquer meio de expressão"*); no art. 19 do Pacto de Direitos Civis e Políticos, internalizado no ordenamento jurídico nacional por meio do Decreto nº 592/1992; e, ainda, no art. 13 da Convenção Interamericana de Direitos Humanos, também conhecida como Pacto de São José da Costa Rica. No âmbito do direito comunitário europeu, a liberdade de expressão é positivada no art. 10 da Convenção Europeia dos Direitos Humanos, adotada por todos os países-membros da UE.

Como argumenta Mendes (2017, p. 263-264), a liberdade de expressão inclui diversas faculdades, como a manifestação de ideias, informações, pensamentos ou críticas, podendo assumir, inclusive, linguagem não verbal, através de comportamentos ou obras artísticas (músicas, pinturas, esculturas etc.), incluindo também o direito de não se expressar. São tuteladas toda opinião, comentário, avaliação, julgamento ou convicção, independente de os temas envolverem interesse público ou não, desde que não haja colisão com outros direitos fundamentais. Nesse sentido, Mendes assinala (p. 265) que a responsabilidade de determinar quais opiniões são válidas é do público ao qual a opinião se dirige, e não do Estado.

Sarlet (2017, p. 631) chama atenção para o fato de que a liberdade de expressão não tem apenas uma dimensão subjetiva (individual e até mesmo coletiva, a depender do caso), implicando no dever do Estado de não censurar ou tolher a liberdade de opinião do cidadão; o direito a liberdade de expressão também possui uma dimensão objetiva, que se traduz na obrigação do Estado editar regulamentos e criar órgãos que promovam a proteção desse direito. Além disso, a dimensão objetiva do direito à liberdade de expressão também torna esse direito um valor fundamental para o Estado Democrático de Direito e para a própria dignidade da pessoa humana.

Como todos os direitos e garantias fundamentais, o direito à liberdade de expressão não é absoluto. Embora sua importância para a democracia e o pluralismo político faça com que o direito à liberdade de expressão tenha uma posição preferencial frente aos demais direitos fundamentais e princípios constitucionais (SARLET, 2017, p. 632), sua aplicação pode ser limitada pela colisão com outros direitos fundamentais, a depender do caso concreto. Outrossim, o próprio constituinte previu limitações à liberdade de expressão no texto constitucional. Exemplos são a vedação ao anonimato (art. 5º, IV da CRFB/88); o direito de resposta proporcional ao agravo, garantido quando a manifestação causar dano a bens jurídicos ou direitos fundamentais de terceiros (art. 5º, V da CRFB/88); e o direito à indenização por danos materiais e morais causados em razão do exercício da liberdade de expressão (também previsto no art. 5º, V da CRFB/88).

Com relação ao conflito entre liberdade de expressão e as *fake news*, é necessário analisar se o direito de mentir está abarcado pela liberdade de expressão, ou, visto por outro ângulo, se a verdade é um limite ao referido direito.

Gustavo Carvalho e Gustavo Kanffer (2018, p. 11,12), discorrendo sobre o tratamento jurídico das notícias falsas, afirmam que principal problema no enfrentamento a elas ocorre quando as notícias falsas não causam ofensa direta a alguém, não sendo aplicáveis as sanções previstas na Constituição como o direito à indenização e o direito de resposta; nesse caso, à primeira vista, as notícias falsas estariam protegidas pela liberdade de expressão.

Em situações como a exemplificada acima, a solução mais adotada pelo direito brasileiro é a ponderação entre os princípios constitucionais e fatos relevantes envolvidos, utilizando a técnica da ponderação entre os valores constitucionais colidentes (CARVALHO; KANFFER, 2018, p. 12).[13]

Como explica a professora Ana Paula de Barcellos (2003, p. 23), a ponderação pode ser definida como a "técnica jurídica de solução de conflitos normativos que envolvem valores ou opções políticas em tensão, insuperáveis pelas formas hermenêuticas tradicionais". Formulada originalmente pelo jurista alemão Robert Alexy, a técnica da ponderação de princípios permite que o intérprete, ao analisar o conflito, faça concessões recíprocas, a fim promover a maior preservação possível dos

13 Embora a técnica da ponderação seja amplamente utilizada pelo Poder Judiciário no Brasil para a resolução de casos envolvendo colisão entre direitos fundamentais, parte da doutrina se opõe ao uso dessa técnica. Para uma explicação mais detalhada sobre as críticas à ponderação de princípios, veja-se: CRISTÓVAM, José Sérgio da Silva. A Teoria da Ponderação de Princípios na Encruzilhada do Decisionismo Judicial: limita-me ou te devoro! Sequência (Florianópolis), nº 75, p. 219-242, abril 2017; e STRECK, Lênio Luiz. As recepções teóricas inadequadas em *terrae brasilis*. Revista de Direitos Fundamentais e Democracia, Curitiba, v. 10, nº 10, p. 2-37, julho/dezembro 2011.

interesses colidentes, ou, caso seja necessário, escolha qual dos bens ou direitos prevalecerá na situação concreta (BARROSO, 2010, p. 244).

Essa forma de resolução de choques entre direitos fundamentais, na formulação Alexyana, é necessária pois, ao contrário das regras, cujo conflito se dá no campo da validade, os princípios conflitam entre si na dimensão do peso. Dessa forma, enquanto um conflito entre regras jurídicas é resolvido por meio da avaliação dos critérios de validade (anterioridade ou especialidade), com aplicação total de uma regra e completa exclusão da outra, as colisões entre princípios são resolvidas através da ponderação, a fim de determinar qual princípio prevalece no caso concreto, sem o completo afastamento do outro; o resultado desse procedimento será uma regra, que deve ser aplicada no caso concreto (NEVES, 2017, p. 42, 43)[14].

A fim de visualizar a aplicação prática dessa técnica, tomemos como exemplo a questão das notícias falsas veiculadas recentemente sobre a pandemia de COVID-19. Desde o início da pandemia, a disseminação de notícias falsas atingiu uma escala inédita. Informações sobre a suposta efetividade de medicamentos como a cloroquina e a ivermectina no tratamento da COVID-19 e a alegada inefetividade das máscaras como forma de impedir a propagação do coronavírus têm sido largamente divulgadas por meio do *Twitter* e do *WhatsApp*, levando milhões de pessoas ao redor do mundo a duvidarem das orientações fornecidas pelas autoridades de saúde. As *fake news* relativas às vacinas, que vão desde a alteração do DNA após a vacinação até a suposta implantação de microchips ocultos dentro das vacinas, são especialmente preocupantes, pois levam dezenas de milhares de pessoas à não se vacinarem, atrasando o alcance da imunidade de rebanho e, por consequência, prolongando a duração da pandemia.

Nesse caso, considerando que as notícias falsas sobre a pandemia, na maior parte das vezes, não ofendem a uma pessoa específica, há um conflito entre o direito à liberdade de expressão e o direito à saúde pública (art. 196 e ss., CRFB/88). Aplicando a técnica da ponderação, podemos concluir que as informações falsas sobre a pandemia da COVID-19

14 Para aprofundamento do estudo sobre a técnica da ponderação e a sua fundamentação jurídica, vejase: DIMOULIS, Dimitri. MARTINS, Leonardo. Teoria geral dos direitos fundamentais. 5ª ed. rev., atual. e ampl. São Paulo: Atlas, 2014; e SILVA, Virgílio Afonso. O proporcional e o razoável. Revista dos Tribunais 798 (2002): 23-50.

têm o potencial de lesar gravemente a saúde pública, disseminando informações que prejudicarão o combate à doença e enganando a população, que passará (e tem passado, como podemos facilmente constatar) a minimizar a gravidade da situação em que vivemos. Em última análise, pode-se até argumentar que a disseminação de informações falsas sobre a pandemia da COVID-19 acaba ferindo o direito à vida, resguardado pela Constituição no caput do art. 5º.

Outrossim, Mendes (2017, p. 274) argumenta que a informação falsa não seria protegida pela Constituição, tendo em vista que a divulgação de uma informação falsa acaba resultando na formação de uma falsa opinião no destinatário da informação. Nesse sentido, em vez de informar, ajudando o receptor da informação a formular opiniões sobre o mundo que o rodeia, a notícia falsa tem o efeito oposto, descolando o indivíduo da realidade que o cerca. Essa perspectiva se torna ainda pior na situação atual, pois, como dito anteriormente, tem a possibilidade de levar a população a formular uma ideia sobre a pandemia.

Pelo exposto, podemos concluir que, nesse caso concreto, sob a ótica da técnica da ponderação de princípios, o direito à liberdade de expressão é limitado, no caso em tela, pelo direito à saúde pública, sendo inconstitucional a veiculação de notícias falsas relativas à pandemia de COVID-19.

Conclusão

As *fake news têm se mostrado um dos maiores desafios da atualidade. Embora a disseminação de notícias falsas com o intuito de enganar a população seja uma prática antiga, o advento das mídias sociais deu um novo impulso à essa prática, ao facilitar em muito a sua propagação. O* Brexit e a eleição de Donald Trump para a presidência dos EUA, em 2016, foram os eventos que despertaram a atenção do mundo para esse fenômeno, já que o resultado de ambas as votações foi fortemente influenciado pela veiculação de notícias falsas.

Por esse motivo, se acendeu um intenso debate sobre a relação entre fake news e liberdade de expressão, a fim de ser avaliado qual são os limites para a divulgação de notícias falsas. Embora a liberdade de expressão seja um dos direitos mais essenciais do ser humano, tendo, inclusive, relativa precedência sobre outros direitos e garantias fundamentais, não se trata de um direito absoluto, de forma que a própria constituição prevê limitações ao seu exercício, como a vedação do anonimato e o direito de resposta.

Já nos casos em que a notícia falsa não se insere nas limitações à liberdade de expressão positivadas na Constituição, os aplicadores do direito dispõem de algumas ferramentas para resolver esse conflito. A mais utilizada no Brasil é a técnica da ponderação de princípios, por meio da qual o intérprete analisa o choque entre o direito à liberdade de expressão e os demais princípios ou bens jurídicos constitucionalmente tutelados, a fim de estabelecer qual deles deve ter a primazia no caso concreto.

Referência

ALLCOTT, Hunt; GENTZKOW, Matthew. Social media and fake news in the 2016 election. **Journal of Economic Perspectives**, Pittsburgh: American Economic Association, v. 31, nº 2, 2017. Disponível em: https://web. stanford.edu/~gentzkow/research/fakenews.pdf

BARCELLOS, Ana Paula de. **Ponderação, racionalidade e atividade jurisdicional**. Rio de Janeiro: Renovar, 2005.

BRANCO, Paulo Gustavo Gonet; MENDES, Gilmar Ferreira. **Curso de direito constitucional**. 12ª *ed.*, revista e atualizada. São Paulo - Saraiva, 2017.

CARVALHO, Gustavo Arthur Coelho Lobo; Kanffer, Gustavo Guilherme Bezerra. **O Tratamento Jurídico das Notícias Falsas (*fake news*).** Disponível em:

DARNTON, Robert. **The True History of Fake News**. The New York Review of Books. 13/02/2017. Link: https://www.nybooks.com/daily/2017/02/13/the-true-history-of-fake-news/

DERAKHSHAN, Hossain; WARDLE, Claire. INFORMATION DISORDER: Toward an interdisciplinary framework for research and policy making. Council of Europe, Outubro/2017.

EVANS, Richard J. **O Terceiro Reich no Poder**. 3ª *ed. São Paulo. Editora Planeta, 2017.*

GOMES, Patrícia Oliveira; OLIVEIRA, André Soares. Os limites da liberdade de expressão: fake news como ameaça à democracia. **Revista Direitos e Garantias Fundamentais**. Vitória, v. 20, nº 2, p. 93-118, maio/agosto, 2019.

GRUZD, Anatoliy; RECUERO, Raquel. Cascatas de Fake News Políticas: um estudo de caso no Twitter. **Galaxia** (São Paulo, online), nº 41, mai-ago., 2019, p. 31-47

MARINONI, Luiz Guilherme; MITIDIERO, Daniel; SARLET, Ingo Wolfgang. **Curso de direito constitucional**. 6ª *ed*. - São Paulo: Saraiva, 2017.

NEVES, Isadora Ferreira. O lugar da ponderação alexyana na doutrina brasileira: por uma reinterpretação à luz da crítica hermenêutica do direito. Dissertação (mestrado). Universidade do Vale do Rio dos Sinos, Programa de Pós-Graduação em Direito, 2014.

OBSERVATÓRIO DA COMUNICAÇÃO - OBERCOM. **As Fake News numa sociedade pós-verdade**: Contextualização, potenciais soluções e análise. Lisboa, Junho/2018.

Capítulo 6

Quanto Vale a Liberdade? Entre a Insubmissão à Escravidão e a Sobrevivência

Aldilene Abreu de Azevedo
Vania Reis Girianelli

O trabalho esteve presente em toda a história da humanidade, podendo ser determinado através de sua natureza histórica, filosófica, jurídica, antropológica, sociológica, econômica, entre outras áreas da ciência. Em virtude disso, trata-se de um conceito complexo e polissêmico, necessitando de análise ampliada para melhor compreensão da sua relevância e impacto que pode provocar em toda sociedade.

Do ponto de vista histórico e etimológico, a palavra trabalho, nas mais variadas línguas, teve sua conotação atrelada à dor e sofrimento. O termo teve origem no latim *tripalium*, uma espécie de instrumento para castigo e tortura ou ainda uma peça que era utilizada para prender grandes animais. Assim, por séculos o trabalho foi sendo associado a algo desagradável e aviltante (COUTINHO, 1999).

Inevitavelmente, através da definição originária da palavra trabalho impossível não correlacionar, de forma mediata, ao regime da escravidão. Não haveria como dissociar os dois termos, pois a escravidão é a materialização de um trabalho alimentado pelos piores sentimentos e condições que um ser humano estaria submetido. Hoje parece inimaginável que um fato tão nefasto possa ter ocorrido no mundo, onde a compra e venda de pessoas era tão natural quanto qualquer outro bem material.

A escravidão teve sua origem relacionada à conquista de territórios e guerras, no qual os derrotados submetiam-se aos vencedores, através de trabalhos forçados (GOMES, 2019). Obviamente, a história traz inúmeros tipos de trabalho escravo, variando conforme o período analisado. A forma acadêmica, contudo, comumente utilizada, divide trabalho escravo em clássico e contemporâneo, respeitando suas devidas características, particularidades e subdivisões (SAKAMOTO, 2020).

No trabalho escravo clássico a pessoa escravizada era propriedade legal de seu "proprietário" (SOUZA; CHAVES JÚNIOR; MIRAGLIA, 2018). Ainda hoje, a escravidão é vista dessa forma, como retratada em livros de história e filmes. O Brasil foi o maior território escravista do hemisfério ocidental, por mais de três séculos, em consequência do grande tráfico de africanos trazidos em navios e submetidos as mais horrendas formas de crueldades, ou seja, a desumanidade do ser humano para com outro ser humano. Atualmente, é o segundo país de maior população negra ou de origem africana de todo mundo (GOMES, 2019).

No Brasil, mesmo após o fim oficial da escravidão, a liberdade para essas pessoas e seus descendentes nunca significou uma oportunidade genuína de mudança de vida. A conquista do direito à liberdade veio acompanhada por todas as formas de abandono possíveis oferecidas pelo Estado. O abolicionista Joaquim Nabuco (MELLO, 2010) já prenunciava que não bastaria à liberdade se não houvesse inserção da população negra na sociedade brasileira como cidadãos de pleno direito.

Incapaz de determinar uma política inclusiva, não restou ao Brasil arcar com uma abolição incompleta e o resultado dessa omissão é evidenciado através das enormes desigualdades sociais e econômicas existentes no país. Tal fato é confirmado quando se considera o recorte por raça ou cor da pele. Em estudo sobre as condições de vida do brasileiro, o percentual de pobreza e extrema pobreza entre negros são mais que o dobro do que entre brancos, e ainda maior entre as mulheres negras (IBGE, 2021).

O retrato social decorrente da história da escravidão no país, infelizmente, ainda persiste, contudo, com outras particularidades. Hodiernamente, há uma forma moderna de subjugar o trabalhador, que diferentemente do trabalho escravo clássico, tem amparo socioeconômico, o chamado trabalho escravo contemporâneo. Embora, ainda existam algumas similitudes como o tratamento desumano e a coisificação do trabalhador, hoje a cor da pele ou a raça não são essenciais para a inserção nessa modalidade de escravidão, muito embora a maioria seja negra. A vítima moderna tem como principal característica a miserabilidade, precariedade e exclusão, que parece ter "preferência" pela cor de pele negra no Brasil. Ademais, é uma realidade que vem crescendo em todo o planeta, tratando-se de um perfeito instrumento de superexploração humana necessária para a manutenção do neoliberalismo (SAKAMOTO, 2020).

A concepção do trabalho escravo contemporâneo pode ser extraída das Convenções nº 29/1930 e 105/1957, da Organização Internacional do Trabalho (OIT). Ambas trouxeram conceitos muito amplos sobre o que seria trabalho forçado, cabendo aos Estados-partes à adequação de suas legislações internas, de acordo com seus respectivos territórios, observando suas características culturais e socioeconômicas (ONU, 2016).

O Brasil, em edição original do Código Penal (1940) tipificou o crime redução à condição análoga a de escravo, que posteriormente, foi alterada para estabelecer novo *caput* com hipóteses típicas, bem como dois parágrafos com hipóteses atípicas e causas de aumento de pena (BRASIL, 2003). Além dessa importante tipificação, o Brasil também tem como balizadores as normas internacionais de proteção aos direitos humanos, e sua Carta Magna, com seu rol de direitos fundamentais e principalmente com o princípio da dignidade da pessoa humana (BRASIL, 1988).

O artigo 149 do Código Penal traz quatro elementos que podem ocorrer em conjunto ou de forma isolada para caracterizar o trabalho escravo contemporâneo: trabalho forçado, servidão por dívida, condições degradantes e jornada exaustiva (BRASIL, 1940). Não havendo a necessidade de restrição de liberdade e independente de consentimento para configuração do crime. Infelizmente, tramitam propostas no Congresso Nacional que buscam esvaziar o conceito determinado no artigo, principalmente com a retirada das hipóteses de condições degradantes e jornadas exaustivas (SOUZA; CHAVES JÚNIOR; MIRAGLIA, 2018).

O Brasil, apesar de ter sido o país mais resistente ao fim do tráfico negreiro e um dos últimos a abolir oficialmente a escravidão (GOMES, 2019), foi o pioneiro nas ações de repressão e prevenção ao trabalho escravo contemporâneo. Ademais, destacou-se no reconhecimento perante a Organização das Nações Unidas, em 1995, sobre a existência e persistência de formas análogas à escravidão em seu território; e adoção de medidas para o seu enfrentamento: criação de política nacional para libertação dos trabalhadores, lançamento de planos nacionais para erradicação do trabalho escravo, e divulgação periódica do cadastro de empregadores infratores que submetem trabalhadores às condições análogas a de escravo (SOUZA; CHAVES JÚNIOR; MIRAGLIA, 2018). A Constituição (BRASIL, 1988) também prevê no artigo 243 a expropriação de imóveis rurais e urbanos onde for evidenciado a prática de trabalho escravo e destinação à reforma agrária ou ao uso habitacional urbano (MIRAGLIA; PEREIRA; BRASILERO, 2019).

O Brasil, contudo, possui dois casos emblemáticos que foram denunciados a Corte Interamericana de Direitos Humanos (CIDH), com repercussão nacional e internacional. A primeira vítima era menor e o caso foi levado a CIDH em 1989, sendo finalizado através de acordo, mas o recebimento da indenização só ocorreu após quatorze anos. O segundo caso envolveu milhares de trabalhadores e foram realizadas várias fiscalizações, no período de 1989 a 2000, sendo denunciado à Corte Interamericana de Direitos Humanos (CteIDH) em 2000, mas só foi julgado em 2016, correspondendo à primeira condenação imposta a um país sobre o tema trabalho escravo contemporâneo (SOUZA; CHAVES JÚNIOR; MIRAGLIA, 2018).

Em 2017, o Brasil sofreu um dos maiores ataques aos direitos e garantias do trabalhador, pois a chamada Reforma Trabalhista (BRASIL, 2017) notadamente extingue e restringe direitos sociais consagrados, violando o princípio da vedação do retrocesso social. Esse princípio, também conhecido como "*effet cliquet*", trata-se de proibição da revogação de normas que suprimam ou diminuam direitos fundamentais, sem que esteja acompanhada de políticas de substituição ou equivalência, podendo ser impugnado pelo poder judiciário, invocando a inconstitucionalidade (MAZUOLI, 2021). Tal reforma traz em sua emenda alterações na Consolidação das Leis do Trabalho (CLT) "a fim de adequar a legislação às novas relações de trabalho", mas na realidade o discurso de modernização trabalhista é uma chancela à prática do crime tipificado de trabalho escravo contemporâneo no Código Penal (BRASIL, 1940).

Assim, a reforma trabalhista é a legalização de condutas trabalhistas ilícitas que afrontam normas internacionais de proteção aos direitos humanos, que o Brasil é signatário. A própria Constituição (BRASIL, 1988) traz como fundamentos a dignidade da pessoa humana e os valores sociais do trabalho. Ademais, prevê construir uma sociedade livre, justa e solidária; erradicar a pobreza e a marginalização e reduzir as desigualdades sociais e regionais e promover o bem de todos, sem preconceitos de origem, raça, cor, sexo, idade e quaisquer outras formas de discriminação. Destarte, pressupõe a prevalência dos Direitos Humanos em suas relações internacionais. Desse modo, é dever do Estado zelar pela efetividade de seus princípios, direitos e garantias fundamentais, que constituem o Estado Democrático de Direito.

A existência do trabalho escravo contemporâneo no país é irrefutável, podendo ser evidenciada pelo número oficial de resgates realizados, entre 1995 e 2020, perfazendo um total de 55.712 vítimas (OIT; MPT, [s.d]). Tal crime é muito mais complexo do que se pode imaginar, e de difícil identificação, pois é alimentado por um sistema capitalista e um avanço neoliberal nunca visto antes na humanidade. A conjunção desses fatores acaba permitindo a superexploração da mão de obra do ser humano, que é usado como ferramenta de fácil substituição, devido à existência de um exército de reserva (MARX, 2018), ou seja, vulneráveis/miseráveis que se submetem a qualquer condição para sobreviver.

Cristaliza-se, assim, inúmeras formas e modalidades de trabalho escravo, com a presença da informalidade, precarização das condições de trabalho, ausência de pagamento ou pagamento ínfimo que não garante o mínimo para sobrevivência, entre tantas outras irregularidades. As novas facetas do trabalho escravo são sutis, quase que invisíveis aos olhos da sociedade, que por vezes normaliza as formas de exploração.

O fato é que a disseminação do neoliberalismo desenfreado fez com que a própria sociedade legitimasse o discurso que os direitos sociais trabalhistas têm uma relevância inferior aos interesses econômicos do Estado. Não há como naturalizar o trabalho escravo contemporâneo, é inaceitável a indiferença e omissão diante a retirada e redução dos direitos dos trabalhadores a meros instrumentos na roda do capitalismo, sem qualquer garantia a vida digna e respeito como ser humano.

O trabalho escravo contemporâneo é praticado tanto no meio rural quanto no urbano, com predominância no setor agropecuário e setor da construção civil, respectivamente. Os modelos de trabalho escravo, contudo, são os mais variados possíveis, pois existe um grande contingente populacional que vive em diversas situações de vulnerabilidade ou hipervunerabilidade social e econômica, o que produz inevitavelmente uma mão de obra disponível, descartável e de fácil reposição. Na sociedade atual o trabalho escravo apresenta-se das seguintes formas: doméstico, sexual, infantil, na cadeia produtiva da moda, entre outros. Adicionalmente, existem modelos que ocorrem de formas associadas, como o trabalho escravo infantil sexual ou o trabalho escravo infantil doméstico.

Ademais, nem todas as vítimas são vulneráveis socioeconomicamente, existem situações de profissionais com qualificação e ensino superior, que são aliciados e submetidos a essa forma de exploração laboral. Dessas, destacam-se profissionais que trabalhavam em cruzeiros internacionais, modelos, atores (SAKAMOTO, 2020) e inclusive um caso recente de uma advogada resgatada em situação análoga à escravidão após receber proposta para trabalhar em Mato Grosso do Sul (GANEN, 2021).

A grande questão é: O resgate está sendo suficiente para erradicar o trabalho escravo no país? Não seria o trabalho escravo uma consequência quase que óbvia para uma população que vive na total invisibilidade e abandono do Estado? Tal exploração laboral acaba sendo a única experiência que poderia levar uma pessoa a sobreviver em condições sub-humanas ou apenas mais um reflexo de tantas outras violações de direitos humanos. A sua inexistência como cidadão não se perfaz apenas quando se é vítima de condições análogas a de escravo, viver num contexto de marginalização social é o bastante para configurar uma vida sem cidadania.

Ao analisar o contexto vivido pela vítima de trabalho escravo contemporâneo, conclui-se que é absolutamente impossível não enfrentar a discussão sobre democracia, cidadania e os direitos humanos. O Brasil sendo um Estado Democrático de Direito deve promover a cidadania e consagrar os direitos humanos. Há divergência, contudo, sobre o termo cidadania, que é um dos fundamentos do Estado Brasileiro (BRASIL, 1988). Para corrente majoritária, cidadania não se restringe aos direitos políticos, mas por ser um fundamento acaba englobando os direitos e deveres fundamentais (LENZA, 2022; NOVELINO, 2018). Para corrente minoritária, cidadania é um status alcançado por uma pessoa física que está em pleno gozo de seus direitos políticos, ou seja, com capacidade de votar, de ser votado e ser eleito (BULOS, 2017). Adicionalmente, expressões como cidadania negativa, cidadania regulada, cidadania deficitária, subcidadania e a formação de uma "ralé estrutura" e periférica do Brasil (SOUZA, 2003), também são utilizados por alguns autores para abordar a cidadania inconclusa no país (SANTOS, 1994; CARVALHO, 2004).

A redemocratização brasileira ocorreu há 30 anos, com a implementação do Estado Democrático que se caracteriza pelo respeito ao princípio fundamental da soberania popular (BRASIL, 1988), mas ainda não foi capaz de assegurar uma cidadania plena a todos. Bobbio (1986) já ventilava que apesar da democracia ser considerada por alguns como um governo ideal, no sentido clássico de que nenhum outro estaria mais qualificado para ofertar o bem comum à sociedade, ainda assim é passível de muitos insucessos. O estado democrático sendo aquele em que o próprio povo governa, ou seja, trata-se de "um governo do povo, pelo povo e para o povo" (LINCOLN, 1863), mas é evidente que há entraves para estabelecer meios para que o povo possa exercer sua supremacia de vontade, que vai muito além da escolha de seus representantes.

Ao ser observado por uma lente crítica, Bobbio (1986) afirma que a democracia deve ser atendida em dois ângulos, a democracia formal e a democracia substancial para desta forma haver a materialização da democracia perfeita e consequentemente uma cidadania conclusa. Apesar de não haver, até o presente momento, em nenhum país democrático o exercício de uma democracia plena, sugere-se a junção da formal e material para que se busque a construção e desenvolvimento de uma democracia real, deixando no passado a característica de que o regime democrático seja utópico. O conceito de democracia não é uníssono, comportando diversas definições de acordo com a teoria utilizada. Silva (2016) aduz que liberdade, igualdade e os direitos humanos fundamentais são valores que só podem ser concretizados dentro de um estado democrático de direito, havendo assim materialização de uma justiça social.

Em 2015, a então presidenta do Brasil afirmou que "Não há democracia sem direitos humanos, da mesma forma que os direitos humanos sucumbem sem democracia" (BRASIL, 2015). Tal citação coaduna com alguns entendimentos sobre o art. 21 da Declaração Universal dos Direitos Humanos (DUDH) (1945), que descreve em três parágrafos alguns princípios fundamentais da democracia. Esse artigo não utiliza o termo democracia, na realidade a DUDH não faz menção a esse sistema de governo em seu corpo, apenas cita no art. 29 "sociedade democrática". O art. 21, contudo, faz dos elementos nucleares da democracia um direito humano, esse entendimento é inegável, pois apresenta de forma clara a presença dos princípios como o da supremacia da vontade popular, preservação da liberdade e igualdade de direitos. Esse artigo aduz o direito à democracia, pois visa à participação do povo em todas as fases de composição do Estado, seja na organização, formação e atuação, possibilitando o exercício da expressão livre da vontade soberana popular, resguardando-se assim a igualdade e liberdade (DALARI, 2010).

O direito humano é um ramo de difícil conceituação, pois o ato de conceituar, por vezes, leva ao risco de uma redução significativa do objeto de estudo, e assim pode-se levar ao engessamento de um termo tão permeável às contingências históricas, políticas e ideológicas. Incontestável é o fato que a construção histórica dos direitos humanos não é linear, encontrando-se ainda em curso de afirmação, consolidação e proteção nos mais diversos ambientes. Cançado Trindade (1997) com maestria compara a proteção dos direitos humanos como o mito de Sísifio, ou seja, nunca terá fim.

A universalidade destaca-se dentre as inúmeras características dos direitos humanos. Para Paiva e Heemann (2019) um dos maiores desafios dos direitos humanos, é ser universal dentro da diversidade humana. Os direitos humanos são universais ou apenas compõem um discurso ocidentalizado? O que resulta no empate do universalismo *vs.* relativismo, apesar da doutrina majoritária dos direitos humanos acolherem o universalismo como característica preponderante.

Nessa senda, há autores que buscam superar o conflito entre universalismo e relativismo, os chamados teóricos críticos dos direitos humanos. Entre eles, Flores (2009) cujo conceito básico de direitos humanos não é apenas ter direitos, mas trata-se de um conjunto de lutas pela dignidade humana, que devem ser garantidos por normas jurídicas, políticas públicas e por uma economia aberta as necessidades de uma vida digna. Ademais, defende um universalismo *a posteriori*, denominado "universalismo de chegada" e não de partida, ou seja, um universalismo em que todas as culturas possam oferecer suas opções de acordo com seu ideal. Santos (1997) propõe que a controvérsia deve ser resolvida através da hermenêutica diatópica (multiculturalismo), pois é sabido que os direitos humanos não são universais na prática. Para que ocorra esse diálogo é necessário que se tome consciência da incompletude mútua. Assim, a hermenêutica diatópica irá exigir uma produção de conhecimento coletiva, participativa, interativa e intersubjetiva para o avanço da superação do antagonismo universalismo e relativismo cultural.

Em contrapartida, Alves (2012) critica às propostas e reflexões dos teóricos críticos, pois sustenta que discussões acadêmicas sobre a ocidentatilidade dos direitos humanos são contraditórias e anacrônicas. Nunca houve dúvidas que a origem do conceito de direitos humanos surgiu através da história do ocidente, mas insistir que os direitos humanos postulados pela ONU têm valor exclusivo para o Ocidente ou afirmar que esses não são viáveis em culturas distintas, é coadunar com um ocidentalismo eurocêntrico que pouco condiz com os ideais esquerdistas.

No atual contexto coexistem a teoria tradicional e a teoria crítica, no entanto, não são suficientes para enfrentar um grave ataque na luta pela proteção dos direitos humanos. Novas formas de autoritarismo conseguem se relacionar de forma muito confortável com regimes democráticos, chamado de fascismo social. Ademais, se o modelo de desenvolvimento atual continuar a influenciar Estados e modelos democráticos é possível que alcance uma nova forma de fascismo social, o chamado fascismo desenvolvimentista (SANTOS, 2013).

A luta contra o fascismo desenvolvimentista apresenta três características. A primeira é o fortalecimento da dimensão civilizatória, que consiste entre outras coisas, no surgimento de uma nova geração de direitos fundamentais, com destaque para o direito à saúde coletiva. A segunda é a busca pelos direitos humanos contra hegemônicos, que se expressam em diferentes representatividades políticas. A democracia apresenta uma representatividade pela maioria, logo muitas lutas de minorias são invisibilizadas, contudo, essas minorias nem sempre foram minorias, ao contrário foram feitas minorias pela aniquiladora colonização ou escravidão. A terceira é a luta dos direitos humanos contra a inércia de pensamentos críticos e políticas de esquerda eurocêntricas, pois não há tempo para omissão e silêncio, o futuro depende de movimentação e articulações dos grupos que sempre lutaram de forma desagregada (SANTOS, 2013).

Ainda sobre direitos humanos, se faz necessário refletir sobre sua classificação. Karel Vasak em 1979 concebeu a classificação dos direitos humanos em gerações, inspirado nos ideais da Revolução Francesa (PIOVESAN, 2021). Assim, classificou em Primeira Geração o direito de liberdade (civis e políticos), requerendo uma abstenção do Estado. A Segunda Geração trata os direitos de Igualdade (direitos econômicos, sociais, culturais e ambientais), requerendo a prestação positiva do Estado. Já a Terceira Geração preconiza os direitos de Fraternidade (direitos difusos e coletivos, como meio ambiente equilibrado e a autodeterminação dos povos). Adicionalmente, outros autores reconhecem mais gerações, como Bobbio (2004) que apresenta a Quarta Geração relacionada com os direitos à bioética. Para Bonavides (2020) a Quarta Geração são os direitos relacionados à democracia, à informação e ao pluralismo político; e a Quinta Geração os direitos relacionados à bioética e à paz.

Há algumas críticas em relação a essa classificação, como por exemplo, a ideia de que uma geração substitui a outra e a possível fragmentação dos direitos humanos, o que viola claramente a característica da indivisibilidade, entre outras. Destaca-se, contudo, que a interpretação de prestações negativas e positivas do Estado para o exercício dos direitos humanos de primeira e segunda geração foi devidamente superada. Paiva e Heemann (2019) apresentam uma nova interpretação, afirmando que os direitos de liberdade só podem ser efetivados concomitantemente com os direitos de igualdade.

A Constituição Brasileira consagra várias liberdades específicas em seu texto, que podem ser agrupadas e categorizadas, todavia, apresenta em seu art. 5º, *caput*, um rol de direitos individuais e coletivos, de forma genérica. Assim, esse artigo concebe um direito geral de liberdade, além das chamadas liberdades especificas estabelecidas em seus inúmeros incisos. Destarte, construiu-se o seguimento de uma tradição constitucional, instaurada desde a primeira Constituição (1829), de reconhecimento da liberdade de forma genérica. Essa ideia, entretanto, não é compartilhada de forma unânime pela doutrina (ANDRADE, 2020).

Nas cartas magnas brasileiras o termo liberdade, sem categorizar como genérico ou específico, foi incluído de forma progressiva, aparecendo duas vezes na primeira (1824) à dezenove vezes na última (1988). O termo liberdade, contudo, não significa que tal direito está sendo exercido plenamente, pois muitos outros fatores são necessários para seu devido cumprimento.

Apesar da existência de controvérsias entre a existência de um direito geral de liberdade para além das liberdades específicas, podem existir casos especiais que não se enquadram nas liberdades expressas. Tal confronto pode ser benéfico, na medida em que o direito geral de liberdade poderá abarcar liberdades específicas que não foram devidamente expressas na carta magna. Ademais, a interpretação do art. 5º, *caput*, em conjunto com seu §2º da Constituição, reforçaria o entendimento que o direito geral de liberdade representa uma segurança ao surgimento de novas liberdades, pois atuaria como um princípio geral de interpretação. Adicionalmente, desempenharia a função de identificação de liberdades implícitas na carta magna, além de não excluir outras liberdades consagradas em tratados internacionais em que o Brasil seja parte (ANDRADE, 2020).

Diante dessa compreensão ampliada sobre liberdade pode-se refletir o seu alcance na sociedade, como por exemplo, na liberdade do trabalhador, que é dividida em liberdade individual e coletiva, que busca fortalecer a liberdade do homem-trabalhador em escolher seu trabalho, ofício ou profissão; garantindo seu pleno desenvolvimento e exercício de cidadania plena. A liberdade individual do trabalhador, para Fonseca (2006), é apresentada como a existência de um tríplice norte da liberdade do trabalho, no direito constitucional vigente. O primeiro é a positivação da liberdade de trabalho, ou seja, em sua livre escolha, sem interferência estatal, ressaltando, que seu exercício requer regulamentação do poder público. A segunda trata-se do "dever-moral" de trabalhar ou de valor contributivo à sociedade, já que a imposição do dever de trabalhar afrontaria sua liberdade. E por último, o direito ao trabalho compreendido como direito econômico social, sustentado como um direito de liberdade, correspondendo ao direito de competir no mercado de trabalho. A liberdade coletiva do trabalhador se configura de acordo com Jean-Jacques Israel (2005) na liberdade de associação, liberdade de reunião, liberdade de manifestação, liberdade sindical e direito à greve.

Apesar da existência das liberdades do trabalhador, tanto as individuais, que visam proteger os direitos intrínsecos, quanto às coletivas, que visam à proteção do trabalhador na sociedade com interesses em comum, não são suficientes para evitar o exercício de trabalho com contornos ou condições de exploração, que acabam por subjugar a dignidade da pessoa humana. A redução de alguém ao trabalho análogo a de escravo tem sido o retrato da supressão do valor de liberdade do trabalhador, seja individual como coletiva. Além de ser um problema socioeconômico em todo o mundo e uma das maiores ofensas aos direitos humanos.

O trabalho escravo contemporâneo apesar de ser associado de forma imediata à liberdade de locomoção, outras liberdades também são violadas, pois trata-se da mais cruel forma de exploração humana. A grave transgressão dos direitos humanos é evidente, em alguns casos é límpida a sua identificação, mas em outros nem tanto. Esse tipo de exploração humana atual é multifacetado, pois apresenta características de sutileza e disfarces, na tentativa de ludibriar as vítimas, a sociedade e o poder judiciário.

Caso seja realizada uma análise do trabalho análogo a de escravo em relação à liberdade, utilizando para tal suas formas típicas, atípicas, espécies e subespécies, seria necessário fazer uso do direito geral da liberdade para alcançar todas as violações, pois vão muito além do que a liberdade explicita no texto constitucional. O trabalho escravo doméstico, por exemplo, trata-se de uma modalidade de exploração moderna que pode se identificar, em alguns casos, com uma violação de liberdade muito específica, pois a vítima permanece vinculada a família que serve por medo, afeto ou por se sentir devedora de uma dívida moral com esse núcleo, ou seja, por gratidão. Alguns termos como "quase da família", "como se fosse da família", "filha de criação", "prima distante", entre outras, são utilizados por essas famílias para encobrir a verdadeira relação, que é trabalhista. Assim, muitas vezes a vítima não consegue ou tem dificuldades de evidenciar seu verdadeiro papel nesse núcleo familiar. Tal relação de dependência usada contra a vítima viola a dignidade da pessoa humana de uma forma cruel, pois usa sentimento com fator de silêncio e exclusão (PEREIRA, 2021), um verdadeiro aprisionamento de alma.

Há muitos estudos voltados para o trabalho escravo, entretanto, o enfoque pouco é direcionado à saúde do trabalhador escravizado, apesar do direito à saúde ser compreendido como um direito humano, pós-criação da ONU (1945) e da OMS (1948), quando se constrói a ideia de ser um compromisso do Estado, além do dever de garantir a sua promoção e proteção. A saúde permaneceu por muito tempo vinculada, quase que exclusivamente, as questões biológicas e médicas, mas a sua associação com os direitos humanos vem se consolidando a cada dia (OLIVEIRA; TELES; CASARA, 2021).

No âmbito internacional, diversos eventos e documentos demonstraram essa associação, como a 30º Assembleia Mundial de Saúde (OMS, 1977) e a Declaração de Alma-Ata (OMS, 1978). Além da publicação da WHO (2002) denominada *25 [Twenty five] questions and answers on health and human rights*, na qual a saúde e direitos humanos são analisados em três seções que o compõem: 1º Normas e Regras em matéria de Saúde e Direitos Humanos; 2ª Integração dos Direitos Humanos nas questões de Saúde e 3º A saúde e os Direitos Humanos em um contexto mais amplo. Ademais, corroborando com a construção do binômio saúde e direitos humanos também existem publicações de diversas agências da ONU, como OIT, Unicef, entre outros.

Nesse sentido, no âmbito do trabalho escravo, dar a vítima o direito à saúde é fazer cumprir os direitos fundamentais, mas também os direitos humanos. Em outras palavras, trabalho escravo não se resume apenas as violações trabalhistas, pois sua própria definição do art. 149 do Código Penal (CP), traz dois importantes núcleos para a configuração do crime, jornada exaustiva e condições degradantes. Ambas, atualmente, são objetos de projetos de lei, que tem por escopo a retirada desses termos, na tentativa de reduzir o conceito de trabalho escravo. Apesar de serem conceitos abertos, a condição degradante pode ser entendida como trabalho abaixo da linha da dignidade, que coloca em risco a saúde, segurança e vida do trabalhador e, jornada exaustiva aquela que leva o trabalhador ao completo esgotamento físico e mental, dado à intensidade da exploração, colocando em risco a saúde, segurança e vida (SOUZA; JÚNIOR; MIRAGLIA, 2018).

Tal controvérsia é tão atual que o Supremo Tribunal Federal irá analisar um recurso do Ministério Público Federal contra decisão do Tribunal Regional Federal da 1ª Região, que absolveu dois réus acusados de aliciamento e redução de pessoas à condição análoga à escravidão, que implicará numa decisão de repercussão geral. O caso julgado envolveu três fazendas com mais de 50 trabalhadores submetidos a condições degradantes. Os auditores fiscais do trabalho relataram ter encontrado carne podre para consumo, alojamentos sem condições sanitárias, uso de água do rio para consumo, cozimento e higiene pessoal. A absolvição dos acusados foi fundamentada considerando que os contextos "devem ser vistos dentro da realidade rural brasileira" e na hipótese de que "não se vislumbra a gravidade intensa que implique a submissão dos trabalhadores a constrangimentos econômicos e pessoais (morais) inaceitáveis" (BRASIL, 2021). Um exemplo claro de esvaziamento do entendimento do que seriam condições degradantes. A tese de defesa tenta justificar e normalizar as condições precárias de vida do dia a dia dos trabalhadores em relação às condições laborais exercidas, ou seja, justificar a miséria pela miséria.

Em meio ao caos que o país atravessa, o atual representante do governo brasileiro e seu antecessor distorceram o combate ao trabalho escravo. Em 2017, o então presidente em exercício, criticou a autuação dos auditores em entrevista *"Se você não tiver a saboneteira no lugar certo significa trabalho escravo"*, mas omitiu que no caso em tela havia registro de não pagamento de salários, alojamentos superlotados e condições degradantes no flagrante. Em dezembro de 2021, o presidente em exercício durante evento da Confederação Nacional da Indústria disse *"Olha as normas regulamentadoras [...] A altura da pia, maciez do papel higiênico, tudo isso era motivo de multa. Ele [o ministro do Desenvolvimento Regional] acabou com milhares de itens que atrapalhavam a vida de vocês"* (GIL, 2022). O presidente cita as normas regulamentadoras relativas à segurança e medicina do trabalho de observância obrigatória pelas empresas, não tendo relação com trabalho escravo, buscando criar uma cortina de fumaça sobre o tema.

Não há dúvidas que a solução para o trabalho escravo seja extremamente complexa, devido a sua amplitude de fatores além de graves problemas sociais remanescentes. A retirada desse crime dá invisibilidade e prejudica a conscientização da sociedade, uma vez que há uma parcela da população que naturaliza a exploração humana. Muitos, entretanto, têm que escolher entre a sobrevivência e a liberdade. O trabalho escravo contemporâneo é o retrato do adoecimento da humanidade, a coisificação do ser humano além de sua caracterização como sub-humanos, não podendo ser mais naturalizada nem tolerada, pois aceitá-lo será um dos maiores retrocessos de toda humanidade.

Referências

ANDRADE, André Gustavo Corrêa de. Liberdade de expressão em tempos de cólera. 1ª ed. Rio de Janeiro: GZ, 2020.

ALVES, José Augusto Lindgren. É preciso salvar os direitos humanos. Lua Nova: Revista de Cultura e Política. 2012, nº 86, p. 51-88.

BOBBIO, Norberto. O Futuro da Democracia; uma defesa das regras do jogo. Rio de Janeiro: Paz e Terra, 1986.

BOBBIO, Norberto (1909). A Era dos direitos. Tradução Carlos Nelson Coutinho. Apresentação de Celso Lafer. Rio de Janeiro: Elsevier, 2004.

BOVANIDES, Paulo. Curso de Direitos Constitucional. 35ª ed., ampl. Salvador, JusPODIVM, São Paulo, Malheiros, 2020.

BULOS, Uadi Lammêngo. Curso de Direitos Constitucional. 10 ed. São Paulo: Saraiva, 2017.

BRASIL. Decreto- Lei nº 2.848, de 7 de dezembro de 1940. Código Penal. Diário Oficial da União: Brasília, DF, 31 dez. 1940, p. 2391.

BRASIL. Lei nº 10.803, de 11 de dezembro de 2003. Altera o art. 149 do Decreto-Lei nº 2.848, de 07 de dezembro de 1940 - Código Penal, para estabelecer penas ao crime nele tipificado e indicar as hipóteses em que se configura condição análoga à de escravo. Diário Oficial da União: Brasília, DF, 12 dez. 2003.

BRASIL. [Constituição (1988)]. Constituição da República Federativa do Brasil de 1988. Diário Oficial da União: Brasília, DF, 05 out. 1888. p.1.

BRASIL. Ministério da Mulher, da Família e dos Direitos Humanos. Notícias. "Não há democracia sem direitos humanos, da mesma forma que os direitos humanos sucumbem sem democracia", afirma presidenta Dilma, 11 de dezembro de 2015. Disponível em: https://www.gov.br/mdh/pt-br/sdh/noticias/2015/dezembro/201cnao-ha-democracia-sem-direitos-humanos-da-mesma-forma-que-os-direitos-humanos-sucumbem-sem-democracia201d--afirma-presidenta-dilma. Acesso em: 25 jul. 2022.

BRASIL. Lei nº 13.467, de 13 de julho de 2017. Altera a Consolidação das Leis do Trabalho (CLT), aprovada pelo Decreto-Lei nº 5.452, de 1º de maio de 1943, e as Leis n º 6.019, de 3 de janeiro de 1974, 8.036, de 11 de maio de 1990, e 8.212, de 24 de julho de 1991, a fim de adequar a legislação às novas relações de trabalho. Diário Oficial da União: Brasília, DF, 14 jul. 2017.

BRASIL. Supremo Tribunal Federal. Repercussão Geral no Recurso Extraordinário nº 1.323.708/PA. Recurso extraordinário. Direito penal. Redução à condição análoga à de escravo. Artigo 149 do código penal. Tipicidade. Standard probatório. Condições de trabalho degradante. Realidades do trabalho rural e do trabalho urbano. Dignidade da pessoa humana. Redução das desigualdades. Valores sociais do trabalho. Relevância da questão constitucional. Manifestação pela existência de repercussão geral. Recorrente:

Ministério Público Federal. Recorrido: Marcos Nogueira Dias. Relator: Ministro Presidente, 18 jun 2021. Disponível em: https://portal.stf.jus.br/jurisprudenciaRepercussao/verPronunciamento.asp?pronunciamento=9492984. Acesso em: 25 jul. 2022.

CARVALHO, José Murilo. Cidadania no Brasil: o longo caminho. Rio de Janeiro: Civilização Brasileira, 2004.

COUTINHO, Aldacy Rachid. Trabalho e pena. Revista da Faculdade de Direito da UFPR, Curitiba, v.32, p.7, 1999.

DALLARI, Dalmo de Abreu. Elementos de Teoria Geral do Estado. 29ª ed. São Paulo: Saraiva, 2010.

FLORES, Herrera Joaquín. A (re)invenção dos direitos humanos. Florianópolis: Fundação Boiteux, 2009.

FONSECA, Maria Hemilia. Direito ao Trabalho: um direito fundamental no ordenamento jurídico brasileiro. 2006. Tese (Doutorado em Direito). Pontifícia Universidade Católica de São Paulo, São Paulo, 2006.

GIL, Alessi. STF decide se 'realidade do interior' justifica trabalho escravo. Repórter Brasil, São Paulo, 25 fev. 2022. Disponível: https://reporterbrasil.org.br/2022/02/stf-decide-se-realidade-do-interior-justifica-trabalho-escravo/. Acesso em: 26 jul. 2022.-

GOMES, Laurentino. Escravidão: do primeiro leilão dos cativos em Portugal até a morte de Zumbi dos Palmares. Volume 1ª ed. Rio de Janeiro, Globo Livros, 2019.

INSTITUTO BRASILEIRO DE GEOGRAFIA E ESTÁTICA (IBGE). Síntese de indicadores sociais: uma análise das condições de vida da população brasileira: 2021 / IBGE, Coordenação de População e Indicadores Sociais. - Rio de Janeiro: IBGE, 2021.

ISRAEL, Jean-Jacques. Direito das liberdades fundamentais. SOUZA, Carlos (Trad). São Paulo: Manole, 2005.

LENZA, Pedro. Direito Constitucional. 26ª ed. São Paulo: SaraivaJur, 2022.

LINCOLN, Abraham. Discurso de Gettysburg (Pensilvânia, EUA), 19 de novembro de 1863. Disponível em: https://www.gutenberg.org/files/4/4-h/4-h.htm. Acesso em: 25 jul. 2022.

MARX, Karl. O Capital. Crítica da Economia Política. Livro 1. O processo de produção do capital. Tradução de Rubens Enderle. São Paulo: Boitempo, 2018.

MAZUOLI, Valeiro de Oliveira. Curso de Direitos Humanos. Rio de Janeiro: Método, 2021.

MIRAGLIA, Lívia Mendes Moreira; PEREIRA, Marcela Rage; BRASILEIRO, Ana Clara Matias (org.). Trabalho Escravo Contemporâneo: governança e compliance. Belo Horizonte: Conhecimento Livraria e Distribuidora, 2019.

MELLO, Evaldo Cabral (org). Essencial Joaquim Nabuco. São Paulo: Peguin Companhia das Letras, 2010.

NOVELINO, Marcelo. Direito Constitucional. 13 ed. ver., ampl. E atual. Salvador: Atlas, 2018.

OLIVEIRA, Maria Helena Barros de; TELES, Nair; CASARA, Rubens Roberto Rebello. Direitos Humanos e Saúde: reflexões e possibilidades de intervenção. Rio de Janeiro: Editora Fiocruz, 2021.

ORGANIZAÇÃO INTERNACIONAL DO TRABALHO (OIT) & MINISTÉRIO PÚBLICO DO TRABALHO (MPT). Observatório da Erradicação do Trabalho Escravo e do Tráfico de Pessoas. Plataforma SmartLab. [s.d]. Disponível em: https://smartlabbr.org/trabalhoescravo. Acesso em: 25 jul. 2022.

ORGANIZAÇÃO DAS NAÇÕES UNIDAS (ONU). Declaração Universal dos Direitos Humanos, 10 de dezembro de 1948.

ORGANIZAÇÃO DAS NAÇÕES UNIDAS (ONU). Trabalho Escravo. Brasília: Nações Unidas Brasil, 2016.

ORGANIZAÇÃO MUNDIAL DE SAÚDE (OMS). 30ª Assembleia Mundial de Saúde. 1977.

ORGANIZAÇÃO MUNDIAL DE SAÚDE (OMS). Declaração de Alma Ata sobre Cuidados Primários. Conferência Internacional sobre Cuidados Primários de Saúde, URSS, 6-12 de setembro de 1978.-

PAIVA, Caio; HEEMANN, Thimotie Aragon. 3ª ed. Jurisprudência Internacional de Direitos Humanos. São Paulo: Editora CEI, 2019.

PIOVESAN, Flávia. Direitos humanos e o direito constitucional internacional. 19ª ed. São Paulo: Saraiva Educação, 2021.

PEREIRA, Marcela Rage. A invisibilidade do trabalho doméstico e o afeto como fator de perpetuação. São Paulo: Editora Dialética, 2021.

SAKAMOTO, Leonardo (org.). Escravidão Contemporânea. São Paulo: Contexto, 2020.

SANTOS, Boaventura de Sousa. Direitos Humanos, democracia e desenvolvimento. São Paulo: Cortez, 2013

SANTOS, Wanderley Guilherme. Cidadania e justiça: a política social na ordem brasileira. Rio de Janeiro: Campus, 1994.

SANTOS, Boaventura de Souza. Uma concepção multicultural de direitos humanos. Lua Nova: Revista de Cultura e Política. 1997, nº 39. P. 105-124.

SILVA, José Afonso da. Curso de Direito Constitucional Positivo. 39 ed. rev. e atual., São Paulo: Malheiros, 2016.

SOUZA, Adriana Augusta de Moura; CHAVES JÚNIOR, José Eduardo de Resende; MIRAGLIA, Lívia Mendes Moreira (coord.). Trabalho Escravo Contemporâneo: "Desafios e Perspectivas". São Paulo: LTr, 2018.

SOUZA, Jessé. A Construção Social da Subcidadania. Para Uma Sociologia Política da Modernidade. Editora: UFMG, 2003.

TRINDADE, Antônio Augusto Cançado. Desafios e conquistas do direito internacional dos direitos humanos no início do século XXI. Revista Brasileira de Política Internacional. 1997, v. 40, nº 1.

World Health Organization (WHO). 25 [Twenty-five] questions and answers on health and human rights. Geneve: World Health Organization. Disponível em: https://apps.who.int/iris/handle/10665/42526. Acesso em: 25 jul. 2022.

GANEM, Pedro. Advogada é resgatada em situação análoga à escravidão. Canal Ciências Criminais. Maio 2021. Disponível em: https://canalcienciascriminais.com.br/advogada-e-resgatada-em-situacao-analoga-a-escravidao/. Acesso em: 25 jul. 2022.

Capítulo 7

Práticas Tradicionais Prejudiciais e a Violência de Gênero Sancionada Socialmente: Um Estudo Através do Achatamento de Seios/*Breast Ironing*

Natalie Maria de Oliveira de Almeida

Introdução

O achatamento de seios, originalmente definido por *breast ironing*, tem como objetivo evitar que homens mais velhos se atraiam por meninas antes do casamento, evitando casos de estupros ou "desonra" a família (MONOGAN, 2010). Em razão disso, mães ou outros membros da família procedem com a prática de agressão direta aos seios que pode resultar em queimaduras, inflamações ou mesmo o rompimento dos dutos mamários.

O *breast ironing*, portanto, muito se aproxima com o conceito de tortura, conforme se verá. Desse modo, o objetivo da presente pesquisa é analisar a manutenção e expansão dessa prática, comum em algumas regiões como Camarões, mesmo diante de diversas legislações internacionais que buscam a erradicação de práticas que possam – direta ou indiretamente – impedir o exercício amplo de direitos inerentes a todos os seres humanos, nesse caso, especificamente, os direitos das mulheres.

Em vista de alcançar os resultados, optou-se pelo método exploratório. Inicialmente, foram separados diversos artigos, em inglês - através do descritor "*breast ironing*", e em português - através dos descritores "direitos humanos", "achatamento dos seios" e "tortura". Em seguida, por meio de leitura flutuante, foram cotejados os artigos que apresentavam considerações relevantes acerca do tema, possibilitando a determinação de conceitos. Esse levantamento bibliográfico se deu por meio de artigos buscados em diferentes bancos de dados e indexadores, publicados na íntegra em inglês e português, disponibilizados e acessados de forma gratuita no período de maio a julho de 2021. Além disso, utilizou-se de pesquisa documental, a partir da disciplina normativa vigente; documentos legislativos nacionais e internacionais; a fim de fortalecer ou negar a hipótese de que a prática do *breast ironing* afronta liberdades fundamentais das mulheres. Por fim, através de leitura sistemática, foram compostas as categorias de análise que compõe o presente capítulo.

Considerações acerca da prática *breast ironing*

O *breast ironing* é um tipo de mutilação do corpo feminino – menos popular que a genital – realizada por mulheres mais velhas em meninas (MONOGAN, 2010). Muito comum em países como Camarões, Guiné-Bissau, África Ocidental e Central, a prática ocorre dentro da família e recebe forte tolerância social, e, em razão de acontecer de forma violenta e agressiva, se apresenta enquanto forte embaraço ao exercício do direito a igualdade, e demais direitos que atinem diretamente a vida, como segurança, dignidade, autoestima e outras liberdades fundamentais a medida em que pode ser compreendida enquanto uma violação aos direitos humanos das mulheres (TCHOUKOU, 2014).

Traduzido de maneira livre ao português, esse "achatamento dos seios" de meninas púberes é praticado por meio do uso de um objeto aquecido, com o objetivo de impedir o seu desenvolvimento, daí outro termo ser utilizado: "engomar seios". Acredita-se culturalmente que, por meio disso, haverá o impedimento e desencorajamento de casos de estupro contra meninas, e a redução do sexo antes do casamento – coibindo gravidez indesejada e o índice de propagação de doenças sexualmente transmissíveis (MONAGAN, 2010). Isso porque, de acordo com pesquisas da UNICEF, no período de 2008 a 2014, 13% das crianças camaronesas estavam casadas aos 15 anos, e 38% aos 18, índices que tornam o desfiguramento de uma menina algo aceitável desde que essa se torne menos desejável a possíveis agressores (UNFPA, 2020; OBAJI, 2020).

Isto é, para dissuadir a atenção sexual indesejada dos homens, são utilizadas massagens, batidas ou pressão nos seios juntamente com diferentes ferramentas (TAPSCOTT, 2012; KNOPOVA, 2016), tais como madeira quente, colher ou vassoura (em 24% dos casos), pedras (em 20% dos casos), pilão (em 17% dos casos), faixa peitoral (em 10% dos casos), folhas (em 9% dos casos), toalha (em 5% dos casos) e outros (em 15% dos casos – a exemplo de colheres de cozimento quentes, sementes quentes de frutas, cascas de banana quentes, prumos quentes, bananas, formigas, cubinhos de gelo, palma quente, nozes, sal e querosene) (BAWE, 2011). Percebe-se que entre os métodos e ferramentas utilizados estão muitas vezes os mesmos usados no preparo de alimentos tradicionais, a exemplo da pedra de amolar utilizada frequentemente para esmagar pimentas e outros temperos (TCHOUKOU, 2014).

Portanto, considerando o objetivo da prática, fácil notar que não se trata de uma correlação com a religião, etnia ou educação. Mesmo porque não se limita a áreas rurais ou a famílias pobres, havendo registros de sua incidência mesmo em áreas urbanas, com a presença marcante de mulheres com maior grau de educação formal – inclusive entre esposas de parlamentares e ministros de Estado locais (AMAHAZION, 2021; TAPSCOTT, 2012).

Em nível cultural, nos países em que é possível verificar-se a prática e sua expansão, há a tradição da poligamia e da compra da noiva, ressaltando o modo de funcionamento relativo à dinâmica do poder (ALMEIDA, 2023). Isto é, o poder está para os homens, comprometendo a esfera privada das mulheres (TAPSCOTT, 2012), e, consequentemente, afetando seus direitos.

De acordo com as Nações Unidas, o achatamento de seios é um dos crimes menos relatados associados à violência de gênero, e afeta aproximadamente 3,8 milhões de mulheres em todo o mundo (OBAJI, 2020), ou seja, apesar de se tratar de uma prática dolorosa e sem nenhuma evidência médica, a prática tem sido continuamente reproduzida porque acredita-se que, conforme as mulheres passam a ter acesso à educação e carreiras, há um aumento de incentivo para o casamento mais tardio, medida que asseguraria um alcance mais alto a educação – por parte das mulheres. Assim, durante o intervalo entre a menarca e o casamento, quando a mulher é mais fértil, o achatamento dos seios evitaria – teoricamente – que a mulher engravidasse antes do casamento (TAPSCOTT, 2012).

Assim sendo, o objetivo da prática é atrasar o desenvolvimento dos seios para que a menina seja percebida pelos homens enquanto uma criança, a fim de protegê-la da atenção indesejada de homens negando, fisicamente, qualquer sinal de maturidade sexual a ser desenvolvido naturalmente pelo corpo feminino (KNOPOVA, 2016).

Estima-se que em 58% dos casos as próprias mães são as responsáveis pelo achatamento e pelo controle sexual das filhas. No entanto, é possível também que ele seja feito por uma criadora, tia, irmã mais velha, avó ou mesmo pela própria menina (BOWE, 2011). Excepcionalmente, pode ser feito por um curandeiro tradicional, pai, irmão, primo, amigo ou vizinho (AMAHAZION, 2021; TAPSCOTT, 2012; MONAGAN, 2010). O procedimento pode ser repetido por meses ou por anos (OBAJI, 2020).

Ressalte-se que ainda que as mães tenham a proteção das filhas como a principal intenção, essa mutilação possui características que podem ser psicologicamente traumatizantes, em razão da dor e debilitação. Destaca-se também que não há nenhuma evidência quanto a garantia de que se alcance o resultado esperado, ou seja, a tentativa de impedir o desenvolvimento natural do corpo das meninas não implica necessariamente no desencorajamento das atividades sexuais (MONAGAN, 2010). No entanto, as mães afirmam que a dor e o desconforto que suas filhas enfrentam – durante o achatamento - preocupam menos do que os relatos de outras adolescentes sendo assediadas sexualmente ou exploradas pelos homens, e que casos de assédio facilitam a tomada de decisão pelo exercício da *breast ironing* (OBAJI, 2020).

De maneira contrária, a única coisa certa com a propagação dessa prática é a repressão física ao corpo feminino e a exposição à diversos riscos à saúde, que ultrapassam os danos físicos e podem resultar em danos emocionais e psicológicos (TAPSCOTT, 2012), vez que não se pode desconsiderar que são crianças perdendo o direito do desenvolvimento natural do seu corpo.

Como resultado do achatamento de seios e todas as lesões graves resultantes do calor e da pressão aplicados repetitivamente, há o crescimento irregular, malformação e flacidez das mamas, além da possibilidade de criação de cistos que podem evoluir para câncer. Logo, não raramente, nota-se hematomas a partir das ferramentas utilizadas, e da queimadura, que geram infecções ou inflamações (KNOPOVA, 2016).

Apesar das consequências graves atreladas ao *breast ironing*, não há nenhum estudo direcionado ao tema, no entanto, entre os efeitos observados nas meninas que sofrem essa prática percebe-se o atraso ou interrupção do crescimento da mama; inchaço; irritação; espinhas; abcessos; febre; dor extrema; crescimento excessivo a longo prazo ou mesmo a falha de uma ou ambas as mamas. Não obstante os efeitos físicos, muitas meninas relatam ainda o sofrimento psicológico que levam a internalização da culpa, sentimento de medo, vergonha ou exclusão social (TAPSCOTT, 2012).

Assim, resta claro que o achatamento praticado fere os direitos humanos e viola diretamente os direitos da mulher manifestados no presente caso através de transgressões psicológicas, sexuais, sociais e culturais, como se demonstrará posteriormente. Além disso, caracteriza-se enquanto violência familiar considerando ser um fato que ocorre a partir de um grau de parentesco íntimo ou de um relacionamento (BAWE, 2011) que, apesar de trazer claros danos, permanece tolerada socialmente, contribuindo como um importante fator de um ciclo de abusos que se externaliza de diversas formas (TCHOUKOU, 2014).

Longe de traçar quaisquer discussões definitivas acerca do conceito e consequências do *breast ironing*, a prática tem sido considerada enquanto uma das mais difundidas violações dos direitos humanos, por negar a meninas e mulheres igualdade, segurança, dignidade, autoestima e seus direitos para gozar liberdades fundamentais (ALMEIDA, 2020; TCHOUKOU, 2014).

Um significativo e grande problema acerca do achatamento de seios é a ausência de dados e pesquisas com resultados seguros que decorre do fato de ser uma situação ainda relativamente desconhecida e mal descrita (ALMEIDA, 2020). Consequentemente, o *breast ironing* sobrevive e se expande em diversos países africanos e entre as comunidades de imigrantes em alguns países ocidentais – daí a razão de ser objeto do presente estudo (KNOPOVA, 2016).

O cenário de proteção a essas meninas vítimas da prática resta ainda mais comprometido a medida em que se considera que, feitas essas pesquisas, o baixo nível de educação na maioria dos países praticantes torna duvidoso a persuasão a respeito dos efeitos nocivos da prática. Em outras palavras: divulgar os danos e possíveis consequências do *breast ironing* não surtiria efeito perante a sociedade alvo, pois considerando o nível técnico, geográfico, demográfico e socioeconômico destes países pode ser extremamente difícil, e mesmo inalcançável, a divulgação eficiente a respeito do *breast ironing* (KNOPOVA, 2016; ALMEIDA, 2020).

Latente, assim, a necessidade de analisar o caso, buscando proteção para essas meninas, principalmente porque o *breast ironing* não se trata de uma prática tradicional antiga. Tendo se tornando prevalente com a urbanização, a prática recente ainda pode ser erradicada, pois se tornou popular a partir da migração das mulheres para as cidades por preocupação com a segurança e futuro de suas filhas (TAPSCOTT, 2012; TCHOUKOU, 2014).

Porém, mesmo sendo recente, o achatamento dos seios adquiriu o *status* de cultura ao longo do tempo, tal como aconteceu com os casamentos forçados e a mutilação genital feminina, se firmando enquanto prática tradicional, embora prejudicial, a partir das ideias herdadas por meio de uso e transferência para as gerações seguintes (TCHOUKOU, 2014).

Ocorre que, nos termos assegurados pelo Fundo de Populações das Nações Unidas (UNFPA, 2020), ainda que práticas como essa integrem tradição, religião ou cultura ou, mesmo que, inicialmente, sejam bem-intencionadas, elas se resumem a suposições de que os direitos e bem-estar das meninas e mulheres são menores que os de meninos e homens, o que está em completo desacordo com a proteção dos direitos fundamentais, conforme se verá.

Direitos humanos e a violência de gênero sancionada socialmente

Em uma concepção mais universalista, os direitos humanos constituem-se enquanto mecanismos de proteção a toda a pessoa humana – assim entendida como um fim em si mesma. Esses direitos são essenciais para garantir que o indivíduo seja tratado com a dignidade que lhe é inerente, não sendo passível, portanto, de distinção de qualquer que seja a espécie. Isto é dizer também e esses direitos compõem uma frente de defesa contra excessos, incluindo aqueles praticados entre particulares (ALENCAR FILHO, IFADIREÓ; ALBUQUERQUE FILHO, 2019).

Há, portanto, garantias relativas aos seres humanos que estão fincadas em um caráter de segurança e garantia de igualdade, respeitando valores voltados ä vida, liberdade, igualdade e solidariedade (ALENCAR FILHO, IFADIREÓ; ALBUQUERQUE FILHO, 2019).

É nesse ponto que o achatamento de seios se estabelece enquanto uma prática questionável - ainda que muitas vezes seja defendida por questões relacionadas a aspectos culturais. Considerando todo o contexto já apresentado acerca do *breast ironing,* resta claro que ele configura mais um exemplo de violência de gênero sancionada socialmente.

Essa violência está presente na cultura de todos os países, expressando-se em maior ou menor escala, independentemente do seu grau de desenvolvimento. Muitas vezes é reproduzida culturalmente, principalmente mediante comportamentos irrefletidos, aprendidos historicamente ou socialmente, e – não obstante as numerosas tentativas de combate – é um tipo de violência crescente por alcançar diversas vítimas, sendo considerada pela ONU enquanto epidemia global (VIEIRA, BRIONES, ZAMORA, 2023).

É nesse ponto de intersecção que o *breast ironing* reforça a ideia do patriarcado e do machismo. Ao analisar a motivação de sua origem, nota-se que há predominância dos valores masculinos sobre os femininos, não à toa este cenário é marcado pela violência física e psíquica contra as mulheres e meninas que não possuem mecanismos de defesa (VASSAL, 2012).

Há, portanto, no achatamento dos seios, a coisificação do sujeito, de modo que as meninas e mulheres submetidas à essa prática são consideradas objetos dentro de sua estrutura familiar quando na verdade a liberdade existencial precede à física, à social e à econômica, sendo autônoma. Apesar disso, a estadia da mulher no mundo público não perpetuou esses ideais de liberdades e direitos fundamentais, de modo que seu processo de subjetivação, ainda em um Estado democrático de direito, é recorrente (VIEIRA, BRIONES, ZAMORA, 2023).

Compreende-se que a universalidade é um desafio perante os direitos humanos, principalmente considerando que ele se esbarra – como é o presente caso – em diversas culturas. No entanto, mesmo perante essa diversificação oriunda da globalização e diferenças culturais, deve-se criar ou buscar a criação de um mecanismo que propicie o respeito aos direitos humanos. Isso porque tais direitos requerem uma posição apta a potencializar a individualização e a valorização uniforme de todos os valores em todas as nações. O multiculturalismo, isto é, a coexistência de formas culturais ou grupos que se caracterizam por culturas diferentes, não pode servir enquanto argumento que obstacularize a proteção de meninas e mulheres (ALENCAR FILHO, IFADIREÓ; ALBUQUERQUE FILHO, 2019).

Retirar de meninas – uma vez que a prática é comum a partir do crescimento dos seios – o direito de ter o natural desenvolvimento do seu corpo, gera sofrimento emocional, atinge sua fertilidade, e de maneira direta, a sua dignidade humana (ALENCAR FILHO, IFADIREÓ; ALBUQUERQUE FILHO, 2019).

Portanto, caracteriza uma violência de gênero tolerada e, até mesmo, sancionada socialmente, à medida que ratifica termos da desigualdade de gênero, mormente ao se considerar que uma das motivações principais do ato diz respeito a evitar uma conduta criminosa dos homens – violação sexual ou estupro das meninas entre 8 e 14 anos.

Sabe-se que, por ser uma prática enviesada ao sentido cultural ou tradicional, há significativa complexidade em sua alteração, e é justamente nesse sentido que o presente trabalho tem por objetivo a propagação acerca dos riscos inerentes ao achatamento de seios. Urge a necessidade de configuração de espaços que fortaleçam reflexões acerca da assistência e cuidado às meninas que foram submetidas ao *breast ironing*, e ainda, de capacitações e medidas que possibilitem o empoderamento de mulheres – mães – desses países, a fim de que não submetam suas filhas a essa prática (MEDEIROS, DENIS; 2019).

Não por outro motivo, tem-se visto o avanço na consolidação do sistema internacional de proteção aos direitos humanos em busca do alcance efetivo do mínimo ético para que todos possuam uma existência digna e, ressalta-se, muito já se evoluiu. Isso porque antes dessa consolidação os direitos eram tidos como locais, vez que dependiam da proteção do Estado Nacional (MOURA, 2022).

No entanto, embora significativo, esse avanço ainda não implica na ausência de violações, de modo que o *breast ironing* tem surgido ao lado de outras violências contra meninas e mulheres, à exemplo da mutilação genital. Ou seja, considerando todas as legislações internacionais e movimentações da sociedade em prol de atos contra a violência feminina, há o surgimento de novas práticas que colaboram para a manutenção de um cenário opressor.

Logo, asseguradamente, o achatamento de seios é um ato de violência de gênero e de abuso infantil subnotificado que, com o apoio tradicional em alguns locais, ainda afeta negativamente e de maneira direta os direitos fundamentais. Embora tenha sido, em sua raiz, perpetuado para o bem da população feminina, é ineficaz e precisa ser combatido, a fim de que não seja espalhado e ratificado por outros países. Por conta disso, espera-se que as regiões já afetadas – guiadas por normas internacionais – estabeleçam medidas de defesa que resguardem as meninas e mulheres atingidas e ameaçadas dos perigos e danos gerados pelo *breast ironing*. Deve-se compreender que a proteção à dignidade das pessoas precisa ser garantida independentemente do contexto em que ela esteja, e sem nenhuma distinção, e que práticas tradicionais nocivas não devem se propagar enquanto formas particulares de violência feminina.

Proteção internacional e o direito de não ser submetido a práticas tradicionais prejudiciais

Conforme visto, a inviolabilidade dos direitos dos seres humanos decorre de sua própria condição, portanto, a proteção destes tem sido objeto de diversos países e organismos internacionais.

A análise do *breast ironing* não é uma exceção, de modo que interessa que se destaque a proteção internacional voltada às mulheres e meninas uma vez que a prática dolorosa e sem comprovação científica possui efeitos negativos direcionados à estas, violando seus direitos humanos básicos (ALMEIDA, 2022).

Ainda, destaca-se que há a necessidade de reforçar a proteção estabelecida pelos diplomas internacionais porque mesmo em 2023, dados demonstram que a prática tem alcançado o Reino Unido, a Espanha, a

Itália e a França (ROMERO, 2023)[1]. Em Londres, inclusive, há relatos de cidadãs britânicas que foram submetidas à prática (LEE, 2022).

Portanto, a manutenção de mecanismos de defesa a esse tipo de violência e a criação de novos instrumentos é algo que ainda requer atenção. É inaceitável que mesmo diante de tantas legislações internacionais os casos de achatamento continuem ocorrendo, principalmente em ambiente domiciliar.

A expansão da prática tem sido tão alarmante, que os países do continente africano, em que o achatamento de seios é predominante, ratificaram a Carta Africana dos Direitos Humanos e dos Povos a fim de prevenir práticas tradicionais nocivas que – destaca-se – não é considerada crime (LEE, 2022). A Carta Africana dos Direitos Humanos e dos Povos, também conhecida como "Carte de Banjul", foi aprovada pela Conferência Ministerial da Organização da Unidade Africana (OUA), em 1981, e dispõe, em seus artigos 3º e 4º que todas as pessoas têm igualdade perante a lei e que dela devem se beneficiar igualmente, sendo inviolável toda a pessoa humana, com garantia de respeito à vida, integridade física e moral. Claramente, o conteúdo de tal Carta combate de maneira veemente as práticas que possam resultar em violência contra toda e qualquer pessoa.

Esse, porém, não é o único normativo que cria obrigações vinculantes para os Estados. Muitos outros instrumentos internacionais de direitos humanos podem ser utilizados para fundamentar as liberdades de meninas e mulheres, assegurando proteção contra a violência (ALMEIDA, 2020; BAWE, 2011; TCHOUKOU, 2016). Tais instrumentos obrigam os governos a cumprirem com a defesa dessa população em risco em razão do vasto alcance das práticas nocivas, que, conforme já mencionado, traça padrões de migração internacional ao mesmo tempo em que resiste e existe de maneira silenciosa em comunidades isoladas (UNFPA, 2020).

Os Estados têm buscado cada vez mais assegurar o direito de estar livre de tortura e de não ser submetido a práticas tradicionais prejudiciais (TCHOUKOU, 2016), principalmente porque os direitos humanos se fundam no reconhecimento da dignidade inerente a todos os membros da espécie humana, sem distinções. Ora, reconhecidos como iguais

1 The European Times. Breast flattening, aberrante practice agains girls, still in te 21st century. Disponível em < https://www.europeantimes.news/2023/05/breast-flattening-aberrant-practice-against-girls-still-in-the-21st-century/>.

em sua essência - independente de suas peculiaridades ou qualquer outro aspecto de sua existência - ao ser humano devem ser assegurados a vida, a segurança, e a dignidade (PORTELA, 2016).

Não há, como se vê, nenhuma brecha legal que permita a não incidência da proteção de leis garantidoras de direitos importantes para a formação do ser humano, principalmente porque os direitos humanos podem e devem ser exigidos indistintamente por todos, independentemente de suas condições, o que reforça a garantia de proteção ilimitada que é intrínseca à pessoa humana, indubitavelmente abrangendo os aspectos relacionados à violência vivenciada pelas meninas submetidas ao achatamento dos seios (ALENCAR FILHO; IFADIREÓ; ALBUQUERQUE FILHO, 2019). Repete-se, é incabível e insustentável que a cultura ou a tradição sirvam como óbice ao desenvolvimento.

Testificando dessa proteção, a Declaração Universal dos Direitos Humanos (DUDH) de 1948 afirma que todo indivíduo tem direito à vida, liberdade e segurança pessoal e garante, em seu artigo 5º, a não submissão a tratamento cruéis, desumanos e degradantes (ONU, 1948).

A partir disso, com o surgimento da DUDH, fora desenvolvida uma série de instrumentos jurídicos que elaboraram uma espécie de sistema normativo global, algumas Convenções tratam, inclusive, de direitos especificamente relacionados às meninas e mulheres (VILARINHO, 2011).

Ainda sob o contexto de proteção, a Convenção para Eliminação de Todas as Formas de Discriminação Contra as Mulheres, de 1979, autenticando e reconhecendo a necessidade de um sistema de proteção, dispõe que os Estados Partes devem adotar medidas adequadas para alterar os padrões de comportamento sociocultural de homens e mulheres a fim de eliminar preconceitos e práticas originadas dos costumes. Essas medidas podem se dar inclusive por meio de novas legislações que tenham como objetivo de modificar ou abolir leis existentes, regulamentos, costumes e práticas que constituam discriminação (ORGANIZAÇÃO DAS NAÇÕES UNIDAS, 1979; TCHOUKOU, 2016). Uma análise clara do texto dessa Convenção permite inferir que o *breast ironing* se caracteriza enquanto forma de discriminação ao passo que se dão muito em razão de um aspecto relacionado à desigualdade de gênero baseado na superioridade masculina, que permite que mulheres sejam submetidas à atos de grave violência.

Nesse sentido, a Convenção Sobre Os Direitos das Crianças também fundamenta a necessidade de resguardar as meninas em relação a essa prática. E essa legislação é cabível ao cenário na medida em que o *breast ironing* se inicia geralmente a partir dos 8 anos de idade, impedindo o desenvolvimento natural do corpo das meninas (BRASIL, 1989).

Finalmente, a Convenção Interamericana para prevenir, punir e erradicar a violência contra a mulher (ORGANIZAÇÃO DOS ESTADOS AMERICANOS,1994), assevera que a violência contra a mulher - nesse caso também aplicável às meninas - se traduz em uma violação aos direitos humanos e às liberdades fundamentais, evidenciando a necessidade de proteção da mulher em situações de vulnerabilidade e possível violação de seus direitos - exatamente o caso do achatamento dos seios.

Assim, considerando as legislações internacionais apresentadas, o contexto do *breast ironing*, e latente necessidade de não se reforçar tal violência socialmente e de combater práticas tradicionais quando forem prejudiciais, tem-se que as divergências culturais se transformam em um obstáculo para a efetivação dos direitos humanos em âmbito global.

Considerações finais

O *breast ironing* ou achatamento de seios tem sido um fenômeno não limitado geograficamente, de modo que é possível perceber, até os dias atuais, a sua expansão para além dos lugares em que surgiu originariamente.

Isso porque o fenômeno se dá em razão da crença de que, através do achatamento dos seios de meninas com o corpo ainda em desenvolvimento, será possível reduzir a incidência de estupros, casamentos precoces e gravidezes indesejadas - ainda que claramente não haja nenhuma pesquisa ou aspectos de medicina baseada em evidência que comprovem a eficácia do método.

Em vez disso, a prática tem resultado em danos à integridade física, psicológica e moral das meninas que se submetem a ela. Principalmente porque ocorre mediante agressões diretas aos seios.

A questão principal, no entanto, é que essa prática, assim como outras que propaguem a desigualdade de gênero, sigam sendo sancionadas socialmente ainda que exista um expressivo arcabouço legislativo voltado à proteção. É inaceitável, desse modo, que coexista um sistema protetivo direcionado a meninas e mulheres e, ao mesmo tempo, uma prática tradicional violenta, agressiva e em expansão.

Ressalta-se, desse modo, a necessidade de mais estudos aprofundados nas regiões em que a prática é comum, e com a utilização de metodologias rigorosas. Além disso, importa que haja educação sexual e conscientização a respeito de doenças sexuais para mostrar que há outras práticas para além do *breast ironing* capazes de colaborar com a melhor formação das meninas, sem impactar negativamente sua saúde física e psicológica.

Reforça-se que, longe de traçar considerações definitivas acerca do *breast ironing*, buscou-se nessa pesquisa levantar reflexão acerca do tema, a fim de que a prática não seja normalizada sob o argumento de ter se originado sob aspecto de tradição. É necessário haver a promoção da igualdade de gênero, e reforma da estrutura social, evitando subjugação das mulheres e estabelecendo, dentro da sociedade, uma mudança de comportamentos relacionados ao poder, permitindo que mulheres se identifiquem enquanto sujeitos de direitos humanos.

Referências

ALENCAR FILHO, José Humberto de; IFADIREÓ, Miguel Melo; ALBUQUERQUE FILHO, José Antônio de. O direito internacional humanitário frente à problemática da mutilação genital feminina. **Revista multidisciplinar e de psicologia**. Id on line. v. 13, nº 43, p. 14-29, 2019.

ALMEIDA, Natalie Maria de; RAMOS, Edith Maria Barbosa. O direito da parturiente ao acompanhante como instrumento de prevenção à violência obstétrica. **Cadernos Ibero-Americanos de Direito Sanitário**, [S. l.], v. 9, nº 4, p. 12–27, 2020. DOI: 10.17566/ciads.v9i4.643.

ALMEIDA, Natalie Maria de. **Liberdade para quem?** O *breast ironing* enquanto óbice ao desenvolvimento. Boletim da Rede Ibero-Americana de Direito Sanitário. vol. IV, nº 01. 2022. Disponível em: <https://cepedisa.fsp.usp.br/wp-content/uploads/2023/02/Boletim-da-Rede-abril-2022.pdf>. Acesso em jun. 2023.

AMAHAZION, Fikrejesus. Breast ironing: a brief overview of na underreported harmful practice. **J Glob Healt.**. College of Arts and Social Sciensce. Adi Keih: Eritrea, 2021.

BAWE, Rosaline Ngunshi. **Breast ironing:** A harmful practice that has been silenced for too long. Gender Empowerment and development. Cameroon. 2011.

BRASIL. Constituição da República Federativa do Brasil, de 1988. Nações Unidas, **Convenção dos direitos da Criança**, de 1989.

GONÇALVES, Marlete Mota. **Direitos humanos**: e a questão cultural como sinônimo de mudança social. Seminário Nacional Demandas sociais e políticas públicas na sociedade contemporânea. Universidade de Santa Cruz do Sul, 2015.

HOLANDA JÚNIOR, Carlos Eduardo de Oliveira. Direitos fundamentais: aspectos relevantes. Themis – **Revista da Escola Superior da Magistratura do Estado do Ceará.** 2006. Disponível em: <https://bdjur.stj.jus.br/jspui/bitstream/2011/18621/Direitos_Fundamentais.pdf> Acesso em 06 jul 2023.

KNOPOVA, Eva. The breast ironing: possible solutions to an unknown formo of child abuse in Africa. SciencesPo. **Paris School of Internacional Affars.** 2019.

LEE, Evie. **What is breast ironing?** CPD Online College. Knowledge base. Fev, 2022. Disponível em: < https://cpdonline.co.uk/knowledge-base/safeguarding/breast-ironing/#what-is-the-law-around-breast-ironing> Acesso em 09 jul. 2023.

MATTOS JUNIOR, Ruy Ferreira. Direitos fundamentais e direito de liberdade. **Rev. Direitos Fundamentais e democracia**. v. 6. UNIBRASIL. Curitiba: Paraná, 2009.

MEDEIROS, Nuno. DENIS, Teresa. Multiculturalidade, interculturalidade, direitos humanos e violência de gênero: breves notas para pensar o caso da mutilação geniral feminina em Portugal e a sua abordagem. **Cadernos Pagu**, 2019. Disponível em: <https://www.scielo.br/j/cpa/a/ywMzc4dQ8zMtZKnwRJ6svKG/#> Acesso em 07 jul. 2023.

MONAGAM, Sharmon Lynnette. Patriarchy: Perpetuating the Practice of Female Genital Mutilation. **Journal of Alternative** *Perspectives in the Social Sciences.* Florida. 2016, vol 2, nº 1, p. 160-181.

MOURA, Monike Lury de Castilho. **Os dilemas do universalismo, do relativismo e do multiculturalismo em direitos humanos.** Monografia. Centro Universitário de Curitiba. 2022. Disponível em: < https://repositorio.animaeducacao.com.br/bitstream/ANIMA/25289/1/MONOGRAFIA%20MONIKE%20MOURA%20-%20FINALIZADA%20-%2009%2005%202022.pdf> Acesso em 05 jul. 2023.

OBAJI, Philip. No girl is safe: **The mothers ironing their daughters breasts**. Al jazeera News. 2020. Disponível em: <https://www.aljazeera.com/features/2020/2/3/no-girl-is-safe-the-mothers-ironing-their-daughters-breasts>. Acesso em jun 2023.

ORGANIZAÇÃO DAS NAÇÕES UNIDAS. **Convenção para Eliminação de Todas as Formas de Discriminação Contra as Mulheres (CEDAW).** Assembleia Geral das Nações Unidas, 1979.

ORGANIZAÇÃO DAS NAÇÕES UNIDAS. **Convenção contra a tortura e outro tratamento ou penas cruéis, desumanos e degradantes.** Assembleia Geral das Nações Unidas, 1984.

ORGANIZAÇÃO DOS ESTADOS AMERICANOS. **Convenção para prevenir, punir e erradicar a violência contra a mulher.** Comissão Interamericana de Direitos Humanos, 1994.

PORTELA, Paulo Henrique Gonçalves. **Direito Internacional Público e Privado.** 8ª edição, revistado e atualizado. São Paulo: Editora Saraiva, 2016.

ROMERO, Julia. **Breast flattening, aberrante practice agains girls, still in te 21st century.** The european times. Espanha, mai 2023. Disponível em: < https://www.europeantimes.news/2023/05/breast-flattening-aberrant-practice-against-girls-still-in-the-21st-century/> Acesso em 9 jul. 2023.

TAPSCOTT, Rebecca. Understanding breast "ironing": A study of the methods, motivations, and outcomes of breast flattening practices in Cameroon. **Feinstein International Center**. 2012.

TCHOUKOU, Julie Ada. Introducing the Practice of Breast Ironing as a Human Rights Issue in Cameroon. **Civil legal sci.** University of Cape town, South Africa. 2014.

UNITED NATIONS POPULATION FUND (UNFPA). **Contra minha vontade:** desafiando as práticas que prejudicam mulheres e meninas e impedem a igualdade. Situação da população mundial, 2020. Disponível em: <https://brazil.unfpa.org/sites/default/files/pub-pdf/situacao_da_populacao_mundial_2020-unfpa.pdf> Acesso em jun. 2023.

VASSAL, Mylène Glória Pinto. Aproximação conceitual: gênero, direito, violência contra mulheres e direitos humanos. In: **Capacitação em gênero, acesso à justiça e violência contra as mulheres.** Série aperfeiçoamento de magistrados. Escola de magistratura do Estado do Rio de Janeiro, 2012. Disponível em: <https://www.emerj.tjrj.jus.br/serieaperfeicoamentodemagistrados/paginas/series/14/capacitacaoemgenero.pdf> Acesso em 07 jul. 2023.

VIEIRA, Isadora Silva Merege; BRONES, Gabriela Villacreses; ZAMORA, Betty Sofía Vera. **Violência de gênero em âmbito psicológico**. Ponta Grossa – PR: Atena, 2023.

VILARINHO, Murilo Chaves. **Mulheres mutiladas e mulheres desonradas**: a importância da uta de Mukhtar e Khady Koita aos direitos humanos das mulheres. Programa de Pós-graduação em Sociologia. Dissertação de mestrado. Universidade Federal de Goiás, 2011. Disponível em:< https://repositorio.bc.ufg.br/tede/bitstream/tde/1606/1/Murilo%20Chaves%20Vilarinho.pdf> Acesso em 02 de jul 2023.

Capítulo 8

Segurança Psicológica no Contexto do Trabalho em Saúde: O Quanto Podemos nos Expressar Abertamente?

Tairises da Silva Roque
Claudia Tartaglia Reis

Introdução

A prática do trabalho na área de saúde é reconhecida como emocionalmente angustiante devido a fatores diversos, como sobrecarga de trabalho dos profissionais, desequilíbrio entre a oferta e demanda por serviços, elevados gradientes de hierarquia nas equipes de trabalho e cultura organizacional punitiva frente a ocorrência de falhas ou de resultados indesejáveis para o paciente. Todos esses fatores põem em risco a segurança psicológica no ambiente de trabalho, o que nos leva à reflexão e algumas indagações: sinto-me confortável em trazer novas ideias, fazer perguntas ou relatar algo que não corre bem no meu local de trabalho? Sinto-me confortável em expressar a minha opinião, mesmo que divergente, sempre que entendo ser necessário? É seguro assumir riscos perante à equipe? Sinto-me confortável em pedir ajuda aos membros dessa equipe? Meus colegas e superiores me tratam com respeito e cordialidade?

O conceito de segurança psicológica foi criado em 1999, por Amy Edmondson, professora da Harvard Business School, a partir da observação de que empresas que tinham um ambiente de confiança bem sedimentado obtinham melhores resultados. Para a autora, criar ambientes laborais que sejam psicologicamente seguros é primordial para motivar o engajamento dos colaboradores nos seus locais de trabalho (EDMONDSON, 1999).

De maneira mais geral, a segurança psicológica é uma crença compartilhada de que os membros da equipe não serão repreendidos, punidos ou envergonhados por falar, compartilhar ideias, fazer perguntas ou levantar preocupações. Constatar situações como essas vivenciadas no cotidiano do trabalho em saúde contrapõe-se com a liberdade de expressão sedimentada como direito fundamental a partir da Declaração

Universal dos Direitos Humanos (ONU, 1948), e pelas constituições de diversos países regidos pela democracia.

Para Botti (2022), a liberdade de expressão é a garantia da livre manifestação de opiniões, sentimentos e impressões. É, antes de tudo, um direito natural do ser humano, que nasce com uma condição intrínseca de liberdade. A liberdade de expressão consiste na garantia de livre manifestação, na proteção jurídica de um espaço em que cada indivíduo pode se exprimir socialmente.

A liberdade, enquanto princípio, não tem aplicação a qualquer estado de coisas anterior a uma altura em que a humanidade se tenha tornado capaz de se desenvolver através de uma discussão livre e equitativa. Mas assim que as pessoas adquirem a capacidade de serem conduzidas para o seu próprio desenvolvimento através de convicção ou a coação, quer na forma direta quer na forma de castigos por não obediência, já não é admissível como um meio para o seu próprio bem, e passa a ser justificável apenas para garantir a segurança de outros (MILL, 2011).

Neste capítulo, discutiremos sobre a importância da segurança psicológica nas organizações para fins de propiciar uma comunicação aberta e favorecer o aprendizado contínuo sobre conteúdos relevantes para o trabalho. Faremos um recorte sobre a segurança psicológica no contexto dos cuidados de saúde e sua importância para a segurança do paciente. Abordaremos também o papel da liderança enquanto agente transformacional na construção de um ambiente psicologicamente seguro.

A segurança psicológica e o aprendizado organizacional

Souza (2004) afirma que o conceito de aprendizagem organizacional ganhou notoriedade na década de noventa, embora já estivesse presente há mais tempo na literatura sobre a teoria econômica da administração, bem como na teoria das organizações. A ênfase nesse conceito e a sua retomada são atribuídas ao forte valor explicativo que apresenta para os processos de mudança organizacional. Nesse sentido, a preocupação em favorecer a aprendizagem emerge em um contexto competitivo no qual a inovação em produtos e processos é nuclear à sobrevivência das organizações. Se em suas abordagens iniciais, no contexto da teoria econômica da administração, falar em aprendizagem organizacional significa avaliar resultados de desempenho, à medida que o conceito é apropriado pela teoria das organizações, o foco passa a se voltar para os processos. Trata-se, assim, de buscar responder através desse conceito, como as organizações agem para conquistar os resultados que demonstram ser produtos de aprendizagens. Busca-se compreender que estruturas organizacionais, políticas de gestão de pessoas, cultura, valores, tipos de liderança, competências, aspectos, enfim, podem favorecer ou obstaculizar os processos de aprendizagem.

De acordo com Vieira et al. (2021), o processo de aprendizagem organizacional estimula os indivíduos a recuperarem conhecimentos retidos em outros indivíduos. Contudo, esse estímulo pode ser inibido por um ambiente de trabalho que não propicia a troca de conhecimentos via relação interpessoal. Principalmente no que se refere à segurança perceptiva, emocional e afetiva nas relações interpessoais inerentes às atividades do trabalho. Se, por exemplo, o indivíduo tem medo de falar abertamente, pedir ajuda e compartilhar informações, porque eventualmente tem a percepção que será punido pelo líder da sua equipe, ou que talvez vire "chacota" entre colegas de trabalho por conta de uma pergunta considerada óbvia, essas percepções e sensações inibirão fortemente a recuperação dos conhecimentos retidos em outros indivíduos.

No trabalho e seus diferentes setores, as equipes psicologicamente seguras, assumem riscos essenciais, dialogam sobre temas sensíveis que podem levar a uma decisão divergente da ideia inicial, podendo haver pontos de vistas diferentes, sem medo de ser mal interpretado, humilhado ou de sofrer algum tipo de retaliação. Com isso a equipe é capaz de aprender junto, incluindo todas as perspectivas, para arriscar tomar as decisões de forma mais eficiente e inteligente, melhorando a eficiência e o nível de colaboração e comprometimento. Segundo Ansarah e Galvão (2022), segurança psicológica é um meio e não um fim. É o funcionamento e não o resultado. É o ingrediente essencial para que times aprendam e desempenhem melhor juntos. O compromisso diário é que vai fazer a diferença na qualidade das relações e dos resultados a serem entregues. É preciso que os membros do time determinem o trabalho a partir de uma perspectiva de aprendizado ao invés de simplesmente a execução de uma tarefa. Criar um espaço de aprendizado permite que todos cometam erros e aprendam com eles, o que é fundamental para uma atmosfera de alta segurança psicológica.

No contexto da prestação de cuidados de saúde, em que a grande maioria dos danos gerados aos pacientes decorrentes do cuidado prestado são considerados evitáveis, o aprendizado a partir dos erros é fator crucial, bem como a motivação em notificar os incidentes de segurança e conversar sobre eles. Nesse sentido, as lideranças desempenham um papel primordial para promover a segurança psicológica e um ambiente favorável de liberdade de expressão em prol do aprendizado.

Para Edmondson (2014), segurança psicológica descreve as percepções das pessoas sobre as consequências em assumir riscos interpessoais num contexto particular como o trabalho. É quando nos sentimos seguros para sermos sinceros em um ambiente onde há respeito e confiança. É também quando temos vontade de nos envolver em conflitos produtivos. Ou seja, podemos definir segurança psicológica como o ato de gerar um ambiente de trabalho em que as pessoas se sintam confortáveis e seguras para serem elas mesmas. Assim, elas terão confiança para expressar suas ideias e visões com naturalidade.

Na segurança psicológica a inteligência comunitária é superior à inteligência individual; prevalece o senso de que a equipe não irá rejeitar, envergonhar ou punir alguém por se pronunciar. Ou seja, eu como indivíduo, escolho compartilhar e colaborar com os demais, para que o resultado do todo seja mais assertivo, ao invés de me proteger individualmente.

O papel da liderança na construção de um ambiente psicologicamente seguro

A palavra liderança surgiu na era cristã, embora tenha ganhado mais destaque nos últimos anos, mais especificamente, na língua inglesa. Sob um conceito geral e simples, podemos dizer que liderança é o processo de condução de um grupo de pessoas, possibilitando a transformação em equipe para que se gerem resultados. Trata-se da habilidade de motivar e influenciar os outros, de forma ética e positiva, para que contribuam voluntariamente e com entusiasmo para alcançarem os objetivos da equipe e da organização. A liderança está diretamente associada a estímulos, incentivos e impulsos que podem provocar a motivação nas pessoas para a realização da missão, da visão e dos objetivos empresariais. Liderança, tal como motivação, nos remete às questões mais subjetivas dos seres humanos, aquelas que dizem respeito a nossas entranhas, ao que nos move ao que faz sentido para nós, aquilo a que atribuímos significado (MARQUES et al. 2013).

Para Libâneo (2021), lideranças que têm consciência de seu papel no atual contexto corporativo que se insere dentro de desafios, referenciam valores e comportamentos esperados, alinhando desenvolvimento ao propósito e aos princípios da organização; líderes que buscam desenvolver pessoas em ciclos sucessivos de aprendizagem e no próprio fluxo do trabalho, com autonomia e protagonismo, fazendo-as sentir-se corresponsáveis pelo seu sucesso e desenvolvimento, e, principalmente, inspiram seus colaboradores, além de promoverem a cultura de aprendizagem nas empresas, operam como construtores e multiplicadores da segurança psicológica. Contudo, as empresas têm e sempre terão vários perfis de liderança, inclusive o perfil líder controlador, que tende a provocar ambientes psicologicamente inseguros, nos quais, como consequência, os colaboradores se calam perante perigos iminentes, não abraçam desafios por receio de errar, não inovam, adoecem com mais frequência e disseminam esse comportamento muitas vezes de maneira inconsciente.

Como medida primordial para a saúde global das empresas e para pavimentar, de acordo com o atual contexto de mundo, o caminho para a inclusão e para a inovação, a segurança psicológica está explodindo como prioridade organizacional em todo o mundo (LIBÂNEO, 2021). Em tempos de tantas incertezas, ser feliz no trabalho e, a partir disso, aprender, criar e inovar, é vital para as organizações.

Um grande aprendizado que vem quando se promove segurança psicológica é que a inteligência coletiva é superior à inteligência individual. Quando não sabemos as respostas, temos que ter um espaço acolhedor para que as equipes possam testar, errar, alterar rotas, expor ideias e colaborar entre si. Ou seja, eu, enquanto líder, escolho compartilhar e colaborar com a minha equipe para que o resultado do todo seja mais assertivo, ao invés de me proteger individualmente e fechar os olhos para o inesperado, ou que está "fora do meu controle", mas que pode agregar positivamente ao contexto geral (LIBÂNEO, 2021).

Portanto, o alto grau de disponibilidade voltado para um apoio de sustentação e monitoria que zele pela autonomia do subordinado é primordial para a efetividade do compartilhamento de informações nesse vínculo interpessoal entre líder e subordinado.

Para Chiavenato (2000), a liderança consiste na influência interpessoal exercida em diversas situações e dirigida através do processo de comunicação humana para que se alcance um ou mais objetivos específicos. Um bom líder é mais do que uma pessoa que gerencia tarefas. Ele precisa enxergar sua equipe como parceiros e motivá-los para que sigam os objetivos e missão da organização. Para isso a líder precisa primeiramente se identificar com a visão da instituição e assim passar confiança às outras pessoas.

Liderança com controle, para muitas pessoas, sugere ser mais habitual. Centralizar, decidir e aprovar iniciativas, implementar processos para gestão, minimizar erros e avaliação, automatizar o quanto for possível ao mesmo tempo em que pode ocorrer reduções de oportunidades de feedbacks constantes, momentos para diálogo e trocas interpessoais, o que pode ocasionar sobrecarga tanto pessoal como da equipe.

Um líder exerce a influência durante a condução dos processos de trabalho, orienta a equipe no alcance de um objetivo comum (HUNTER, 2004). Segundo Bennis e Nanus (1988), liderar é ter o dom de convencer os colaboradores que realmente suas ideias são as melhores possíveis, além disso, vale ressaltar que dentro de uma organização não é preciso que todos se agradem, mas que trabalhem como o mesmo objetivo em comum, ou seja, pela melhoria e desenvolvimento da organização. A liderança pode levar os seguidores a níveis superiores de consciência, como liberdade, justiça e autorrealização. De acordo com o autor um líder deve passar para seus colaboradores a autoconfiança e autoestima para que todos tenham motivação suficiente e que isso possa refletir em benefício no ambiente de trabalho.

Para Bass (1997), líderes com perfil de transformação adaptam os valores pessoais da equipe para suportar a visão e os objetivos da organização através da criação de um ambiente onde relacionamentos são formados e estabelecendo um clima de confiança onde visões são compartilhadas. Liderados respeitam e confiam em líderes transformacionais e adaptam seus próprios valores para aqueles dos líderes, dando poder a esses líderes. Nesse conceito, o caráter importa, ele é base da liderança.

Kouzes e Posner (1987) apresentam vários estudos que indicam que as características mais valorizadas pelos liderados são honestidade, integridade e credibilidade. A credibilidade é vista como uma parte fundamental e mediadora da verdadeira liderança transformacional. O objetivo maior da liderança é criar uma visão compartilhada de futuro.

Warr (1987) propõe cinco dimensões para a definição da saúde mental e a operacionalização do bem-estar laboral, afeto, aspiração, autonomia, competência e funcionamento integrado. Neste modelo, o afeto refere-se às emoções e os humores. A aspiração versa sobre o interesse do indivíduo pelo seu ambiente e por atividades pessoalmente significativas. A autonomia refere-se ao grau em que a pessoa consegue resistir a pressões do ambiente. A competência trata sobre a habilidade do indivíduo para enfrentar com sucesso as demandas e os problemas do dia a dia. E o funcionamento integrado fala acerca do funcionamento do indivíduo como um todo e à múltipla relação entre os outros quatro componentes apontados.

O bem-estar profissional, para Van Horn et al. (2004), assume o aspecto motivacional. A autonomia proposta pelos autores refere-se à liberdade do trabalhador para tomar suas próprias decisões no trabalho. Já a aspiração é representada pela busca de desafios no trabalho e a competência profissional refere-se à percepção do trabalhador de que pode lidar eficazmente com os problemas do trabalho. O bem-estar social compreende o aspecto comportamental do bem-estar laboral e inclui dois tipos de conceito: despersonalização, derivada da proposta de esgotamento profissional, mas referente a atitudes negativas ou indiferentes em relação aos colegas de trabalho, e a qualidade das relações sociais na organização, que inclui a percepção do indivíduo de ser procurado pelos colegas para conselhos e suporte.

Lemos et al. (2018) ressalta que equipes efetivas são aquelas que apresentam cinco dimensões-chave: liderança de equipe, monitoramento de desempenho mútuo, comportamento de *backup*, adaptabilidade e orientação de equipe. A liderança de equipe envolve a capacidade de dirigir, coordenar e avaliar o desempenho dos membros do grupo, além de atribuir tarefas, desenvolver conhecimentos, habilidades e motivar os integrantes, de forma a planejar, organizar e estabelecer uma atmosfera positiva.

Por fim, um líder mostra que sabe lidar com outras opiniões, discordâncias, pensamentos diferentes do seu e deixa claro para a equipe que todos podem estar abertos a isso (ZANFOLIN, 2021). Dessa forma, é a partir do comportamento do líder que os limites do que pode ou não são determinados, e isso desenha todas as outras relações da equipe. Em um ambiente de opiniões e inovação, em frequente mudança, como os das organizações de prestação de cuidados de saúde, o potencial para a ocorrência de erros existe e esse reconhecimento é de fundamental importância. Os erros habitualmente envolvem multicausalidades de origem sistêmicas, relacionadas às estruturas e processos de trabalho. Quando se pune um profissional ou uma equipe pela ocorrência de um erro ou incidente, tende-se a minar a confiança dos envolvidos com o incidente e de todos ao redor, que passam a ter medo de cometer, notificar e explicitar quaisquer tipos de incidentes de segurança do paciente.

A segurança psicológica e a cultura em segurança do paciente

Podemos afirmar que o cuidado em saúde se complexificou substancialmente ao longo dos últimos 70 anos (REIS; MARTINS; LAGUARDIA, 2013). Podemos listar diversos fatores que contribuíram para isso, entre os quais são exemplos: i) os avanços tecnológicos nas áreas clínicas; ii) a ampliação do acesso aos serviços de saúde; iii) a diminuição da mortalidade e aumento da esperança de vida conformando demandas ascendentes de pacientes portadores de doenças crônicas não transmissíveis; iv) o surgimento de novos agravos, a exemplo da pandemia por Covid-19; e v) a difusão da informação em saúde na era da globalização.

Os riscos decorrentes desse cuidado complexo elevaram o potencial para a ocorrência de incidentes, erros ou falhas que podem incorrer em danos indesejáveis para o paciente, decorrentes do cuidado prestado, denominados de eventos adversos (EA). A literatura nos mostra que a incidência de EA em pacientes internados em hospitais varia de 3,7% a 16,6% e maior parte desses eventos são considerados evitáveis (SOUSA; LAGE; RODRIGUES, 2018). Nesse sentido, a promoção da cultura de segurança do paciente, cerne do Programa Nacional de Segurança do Paciente no Brasil (BRASIL, 2013), destaca o aprendizado organizacional, a comunicação aberta, o trabalho em equipe e o engajamento de profissionais no sentido de evitar que esses eventos ocorram, sendo que a segurança psicológica é considerada um componente chave do domínio da cultura organizacional, que deve permear todo esse processo.

A segurança psicológica, enquanto integrante da cultura organizacional, constitui fator crítico, sobretudo para o aprendizado da equipe, com vistas a impactar positivamente a segurança do paciente e ausência de medo interpessoal. Quando a segurança psicológica está presente, as pessoas falam abertamente sobre conteúdos relevantes para o trabalho. A segurança psicológica é considerada com um estado de preservação da mente que envolve a manutenção de um equilíbrio entre os efeitos negativos do ambiente e a resiliência de uma pessoa, ou seja, a capacidade de superar tais efeitos (VOLEVAKHA; KOLOMIIETS; KUKHAR, 2021).

A segurança psicológica promove um ambiente laboral livre de culpa e julgamentos, assim como, estimula a cooperação entre cargos e profissões com vistas à redução dos gradientes de hierarquia entre os profissionais da equipe. Que espaço tem o trabalhador para manifestar suas convicções, ideias, pensamentos nas suas atividades laborais? Quando os profissionais trabalham em ambiente em que foi desenvolvida uma cultura organizacional fortalecida, seu compromisso com a notificação de erros aumenta, pois eles se sentem livres e confiantes de que não serão penalizados e que a informação é salutar para o aprendizado de todos.

Considerações finais

A segurança psicológica não surge organicamente; ela deve ser fomentada, apoiada e rotineiramente abordada para que as organizações possam perceber os impactos positivos sobre o desempenho dos colaboradores. E em especial, nós destacamos nesse capítulo a sua importância para a segurança dos pacientes, em que ela emerge como condição essencial, diante da crescente complexidade dos processos de prestação de cuidados, da construção de sistemas de alta confiabilidade neste contexto e pelas estruturas organizacionais peculiares dos ambientes clínicos (GRENNE et al., 2020).

A segurança psicológica garante a liberdade em se expressar, se comunicar; as estratégias para melhoria da comunicação devem ser fomentadas e advir em nível das lideranças e das equipes. A liderança tem papel fundamental para promover a comunicação e integração das equipes, incluindo minimizar hierarquias entre os profissionais, uma vez que os elevados gradientes de hierarquia geram uma distância entre colaborador e lideranças. Em um ambiente psicologicamente seguro, há confiança em se expressar livremente, em sentir-se à vontade para expor ideias, questionar, inovar e falar sobre os problemas, sem medo. Assim como, segurança em interagir onde haja sensação de conforto para pedir ajuda, dar e receber feedbacks, mesmo quando forem conversas difíceis, polêmicas e desafiadoras. Por fim, a segurança psicológica favorece o aprendizado, onde não existe medo de se equivocar, se expor, propor inovações, o que inclui aprender com os próprios erros.

Referências

ANSARAH, Patrícia; GALVÃO, Veruska. Entenda sobre segurança psicológica nas organizações e seus benefícios. Mundo RH; 2022.; Disponível em:https://www.mundorh.com.br/entenda-sobre-seguranca-psicologica-nas-organizacoes-e-seus-beneficios/. Acesso em: 24 ago. 2022.

BASS, Bernard M. The Ethics of Transformational Leadership Academy of Leadership Press.1997.

BRASIL. Ministério da Saúde. Portaria nº 529, de 1º de abril de 2013. Institui o Programa Nacional de Segurança do Paciente (PNSP). Diário Oficial da União, Brasília, DF, 02 de abr. 2013. Disponível em http://bvsms.saude.gov.br/bvs/saudelegis/gm/2013/prt0529_01_04_2013.html. Acesso em: 16 ago. 2022.

BENNIS, Warren.; NANUS, Burt. Líderes: Estratégias para assumir a verdadeira liderança. São Paulo: Harbra, 1988.

BOTTI, Flávia Bontempo. Principais aspectos jurídicos da liberdade de expressão. Aurum portal. 2022. Disponível em: https://www.aurum.com.br/blog/liberdade-de-expressao/. Acesso em: 21 jul. 2022.

CHIAVENATO, Idalberto. Introdução à teoria geral da administração. 6ª ed. Rio de Janeiro: Campus, 2000.

EDMONDSON, Amy. C.; LEI, Zhike. Segurança Psicológica: A história, renascença e futuro de uma construção interpessoal. Orgão Psychol, 2014.

EDMONDSON, Amy. Psychological Safety and Learning Behavior in Work Teams Administrative. Science Quarterly 1999; 44(2)350-383. Publishedby: Sage Publications, Inc. onbehalfofthe Johnson GraduateSchoolof Management, Cornell UniversityStable. Disponível em: http://www.jstor.org/stable/2666999. Acesso em: 12 ago. 2022.

GREENE, M. Todd.; GILMARTIN, Heather M.; SAINT, Sanjay. Psychological safety and infection prevention practices: Results from a national survey. Am J InfectControl. v. 4. nº1, p: 2-6, 2020.

HUNTER, James C. O monge e o executivo: uma história sobre a essência da liderança. 17ª ed. Rio de Janeiro: 2004.

KOUZES, James; POSNER, Barry. The leadership challenge: How to get extraordinary things done in organizations.1987. Jossey-Bass Publishers.

LEMOS, Graziele de Carvalho et al. A cultura de segurança do paciente no âmbito da enfermagem: Reflexão teórica. Revista de Enfermagem do Centro-Oeste Mineiro. 2018. Disponível em: https://doi.org/10.19175/recom.v7i0.2600.Acesso em: 19 ago. 2022.

LIBÂNEO, Daniela. Segurança psicológica se aprende e se ensina.; Afferolab.; 2021.; Disponível em: https://www.afferolab.com.br/post/seguranca-psicologica-se-aprende-e-se-ensina. Acesso em: 25 ago. 2022.

MARQUES, Elaine Sereno et al. A Importância do Desenvolvimento da Liderança. 2013. Disponível em: https://www.aedb.br/seget/arquivos/artigos13/651889.pdf. Acesso em: 26 ago. 2022.

MILL, John Stuart. Sobre a liberdade: 1873. tradução Pedro Madeira. - [Ed. especial]. Rio de Janeiro: Nova Fronteira, 2011.

Organização das Nações Unidas (ONU). Declaração Universal dos Direitos Humanos, 1948. Disponível em http://www.onu-brasil.org.br/documentos_direitoshu- manos.php. Acesso em: 22 ago. 2022.

REIS, Cláudia Tartaglia; MARTINS, Mônica; LAGUARDIA, Josué. A segurança do paciente como dimensão da qualidade do cuidado de saúde – um olhar sobre a literatura. Ciência & Saúde Coletiva; v. 18, nº 7, p. 2029-2036, 2013. Disponível em https://www.scielo.br/j/csc/a/vHsXdrrnkn6qTnkLkGsFJbr/?format=pdf&lang=pt. Acesso em: 29 ago. 2022.

SOUZA, Yeda Swirski. Organizações de Aprendizagem ou Aprendizagem Organizacional.; RAE- eletrônica, v. 3, nº 1, Art. 5, jan./jun. 2004. Disponível em: https://www.scielo.br/j/raeel/a/rHCFrRw6YH9Zc3JNrdLPq9d/?format=pdf&lang=pt .; Acesso em 25 ago. 2022.

SOUSA, Paulo; LAGE, Maria João; RODRIGUES, Vanessa. Magnitude do problema e os fatores contribuintes do erro e dos eventos adversos. In: Sousa P, Mendes W, organizadores. Segurança do paciente: conhecendo os riscos nas organizações de saúde. Rio de Janeiro: EAD/ENSP; 2014. p. 93-114.:Disponível em:https://portal.fiocruz.br/livro/seguranca-do-paciente-conhecendo-os-riscos-nas-organizacoesde-saude-vol-1-seguranca-do. Acesso em: 11 ago. 2022.

VAN HORN, Joan E.; TARIS, Toon W.; SCHAUFELI, Wilmar B.; SCHEURS, Paul J. G. The structure of occupational well-being: a study among Dutch teachers. Journal of Occupational and Organizational Psychology, v. 77, p. 365-375, 2004.

VIEIRA, Jéssyca Fraga; ROCHA, Arthur Gabriel Guedes; FREITAS, Rafaela Gonçalves. Segurança Psicológica e a suas Implicações no Processo de Recuperação da Memória Organizacional. Anpad.; 2021. Disponível em: https://biblioteca.incaper.es.gov.br/digital/bitstream/123456789/4248/1/memoriaorganizacional-rocha.pdf.; Acesso em 25 ago. 2022.

VOLEVAKHA, Iryna B,; KOLOMIIETS, Nataliia V.; KUKHAR, Tetiana V. Organizational Factors Of Psychological Safety In The Workplace.

Wiadomosci Lekarskie (Warsaw, Poland: 1960), 01 Jan 2021. Disponível em: https://europepmc.org/article/med/35023494. Acesso em: 29 ago. 2022.

WARR, Peter B. Work, unemployment and mental health. Oxford: Clarendon Press. 1987.

ZANFOLIN, Thainá. O papel dos líderes na construção da segurança psicológica da equipe. Consumidor Moderno; 2021. Disponível em: https://www.consumidormoderno.com.br/2021/05/13/construcao-seguranca-psicologica-equipe/. Acesso em: 25 ago. 2022.

Capítulo 9

Entre o "Kit Gay" e Paulo Freire: Liberdade de Cátedra no Brasil e o Movimento "Escola sem Partido"

Thauanne de Souza Gonçalves
Alessandra Fernandes da Silva Garrido
Nayara Rudeck Oliveira Sthel Cock

Introdução

No ano de 2004, o advogado e procurador do Estado de São Paulo Miguel Nagib, insatisfeito com episódios ocorridos na escola de sua filha do que cita como "doutrinação ideológica", e que afirma que teriam objetivo de influenciar moralmente os jovens em valores que podem ser contrários ao de seu núcleo familiar, funda o "Movimento Escola Sem Partido". Inicialmente, o objetivo principal era criar um acervo de relatos de pais e alunos que colaborassem com as afirmativas do fundador, contudo a atuação foi ampliada e o movimento passou a ser adotado com grande destaque político por grupos conservadores do legislativo e executivo do país, dando origem a um programa político que contém projetos de leis federais, estaduais e municipais (ESCOLA SEM PARTIDO, [s.d.]; NAGIB, 2020; T.B; EL PAÍS, 2016a).

A ascensão do movimento no cenário nacional trouxe ao debate questões relevantes sobre as interseções e divergências entre liberdade de cátedra e liberdade de expressão. Uma das linhas argumentativas principais utilizadas por Nagib e outros defensores do movimento é justamente a contraposição dos dois termos, no que afirmam que não podem ser confundidos para que não se promova a "doutrinação" de acordo com os ideais do professor ou da instituição de ensino. Em contrapartida, os opositores ao movimento, que criaram também o grupo "Professores contra o Escola Sem Partido" afirmam que as propostas caracterizariam a prática de censura, que retiram das instituições de ensino a capacidade de promover uma educação crítica e ligada a temas essenciais da sociedade e que estão de acordo com os princípios de liberdade previstos na Constituição Federal de 1988 e na Lei de Diretrizes e Bases da Educação Nacional (PROFESSORES CONTRA O ESCOLA SEM PARTIDO, [s.d.]; SHAW, 2016; T.B; EL PAÍS, 2016a, 2016b).

Fake News, "Kit Gay" e discussões sobre gênero e sexualidade

Durante as eleições de 2018, o tema esteve em voga levado como bandeira pelo, à época candidato à presidência, Jair Bolsonaro e sua base de apoio. Esse processo eleitoral foi marcado pela criação de uma verdadeira máquina de produção e divulgação de notícias falsas, que posteriormente deu, inclusive, origem a uma Comissão Parlamentar de Inquérito a fim de entender sua legalidade, seu financiamento e sua influência no resultado eleitoral. Portanto, o assunto da liberdade de ensino figurou como alvo da criação *de fake news,* sendo a mais popular delas a do "kit gay", que também estimulou o levantamento de questões sobre a discussão de gênero e sexualidade nas instituições de ensino (BARRAGÁN, 2018; CAMPOREZ, 2020; GRAGNANI, 2018).

Utilizando o *WhatsApp* como principal meio de espalhamento de notícias falsas visando afetar a oposição, a principal linha de ataque do governo posteriormente eleito, foi sobre as pautas progressistas de minorias sociais, com destaque para a população LGBT, objetivando a simpatia de grupos conservadores e religiosos. O candidato da oposição do segundo turno, Fernando Haddad, foi acusado de distribuir nas escolas o apelidado "kit gay", que supostamente teria o objetivo de "sexualizar" crianças e ensinar "ideologia de gênero". O Tribunal Superior Eleitoral ordenou que Bolsonaro excluísse vídeos que gravou mostrando livros infantis que traziam desenhos sobre os sistemas reprodutores masculinos e femininos, pois julgou que geravam desinformação e prejudicavam o debate político. A *fake news* do "kit gay" foi fantasiada a partir de um projeto do governo Dilma, proposto pelo Ministério da Educação na gestão Haddad intitulado "Escola Sem Homofobia", que sequer chegou a vigorar pois foi vetado pela própria presidente por pressão da "bancada evangélica" do Congresso Nacional (BARRAGÁN, 2018).

As narrativas dos lados opostos do cenário político, portanto, se polarizaram entre os que afirmam que sexualidade e gênero são assuntos abomináveis no cenário escolar, que representam ideologias de incentivo à iniciação sexual precoce e à homossexualidade e que seriam assuntos a serem tratados no ambiente familiar e religioso, se houver interesse. Em contrapartida, o outro lado político afirma que é importante discutir sexualidade e gênero nas escolas, pois são assuntos essenciais para a vida em sociedade. Portanto, não podem estar alienados das discussões dos estudantes, sendo importantes para prevenir e interromper ciclos de abuso e violência sexual infantil. E também visariam acolher alunos com orientações sexuais e de gênero não normatizadas. É necessário, então, para compreender a legalidade do impedimento de tais discussões sob as afirmações da "neutralidade" e não "ideologização", que sejam descritos o que de fato consistem as liberdades em cheque.

Os projetos de Lei do "Escola Sem Partido" e o Supremo Tribunal Federal

Em 2018, durante o processo eleitoral, a Ministra do Supremo Tribunal Federal (STF), Cármen Lúcia, deferiu uma liminar, através da Arguição de Descumprimento de Preceito Fundamental (ADPF) 548, ajuizada pela procuradora-geral da república, Raquel Dodge, com o objetivo de garantir a livre manifestação de ideias em universidades após decisões de juízes eleitorais que demandaram a busca e apreensão de materiais de campanha eleitoral e a proibição de aulas, assembleias e debates sobre o tema no ambiente universitário. A ADPF foi julgada procedente por unanimidade do plenário do STF em maio de 2020 (PORTAL STF, 2018; ROMANO, 2021; SUPREMO TRIBUNAL FEDERAL, 2020).

A Ministra afirmou que

> O processo eleitoral, no Estado democrático, fundamenta-se nos princípios da liberdade de manifestação do pensamento, da liberdade de informação, de ensino e aprendizagem, e de escolhas políticas, além da autonomia universitária. Toda interpretação de norma jurídica que colida com qualquer daqueles princípios, ou, o que é pior e mais grave, que restrinja ou impeça a manifestação da liberdade é inconstitucional, inválida, írrita. Todo ato particular ou estatal que limite, fora dos princípios fundamentais constitucionalmente estabelecidos, a liberdade de ser e de manifestação da forma de pensar e viver o que se é, não vale juridicamente, devendo ser impedido, desfeito ou retirado do universo das práticas aceitas ou aceitáveis. Liberdade de pensamento não é concessão do Estado. É direito fundamental do indivíduo que a pode até mesmo contrapor ao Estado (PORTAL STF, 2018).

A partir de então, retornando às proposições do "Movimento Escola Sem Partido", é possível questionar se há constitucionalidade nos projetos de leis de sua influência. Em 2016 o estado do Alagoas aprovou por sua Assembleia Legislativa, uma lei batizada como Projeto "Escola Livre" que trazia como princípios para o ensino estadual o reconhecimento da "neutralidade política, ideológica e religiosa do Estado" e "direito dos pais a que seus filhos menores recebam a educação moral livre de doutrinação política, religiosa ou ideológica" e que vedava "a prática de doutrinação política e ideológica, bem como quaisquer outras condutas por parte do corpo docente ou da administração escolar que imponham ou induzam aos alunos opiniões político-partidárias, religiosas ou filosófica" (LEITE; CÓLEN; G1 AL, 2016; NEZINHO, 2016).

Em 2017 a lei foi suspensa por liminar do ministro Luís Roberto Barroso do STF, relator do processo. No ano de 2020 votou-se sobre a sua constitucionalidade e por 9 votos a 1, considerou-se que a lei era inconstitucional. Outras leis relacionadas a limitações da liberdade de ensino haviam sido aprovadas em âmbito municipal e julgadas pelo STF, contudo essa foi a que mais esteve consonante com as proposições do "Escola Sem Partido" e possuía maior área de abrangência por ser de caráter estadual. Sua derrubada foi considerada um aceno do STF à recusa das propostas de cerceamento da liberdade de ensino e provocou o anúncio do encerramento das atividades do movimento pelo seu fundador, Miguel Nagib (AMORIM; OLIVEIRA, 2020; UOL, 2020).

O Ministro Luís Roberto Barroso em sua fala no plenário de votação afirmou que:

> A ideia de neutralidade política e ideológica da lei estadual é antagônica à de proteção ao pluralismo de ideias e de concepções pedagógicas e à promoção da tolerância, tal como previstas na Lei de Diretrizes e Bases da Educação. A exigência de neutralidade política e ideológica implica, ademais, a não tolerância de diferentes visões de mundo, ideologias e perspectivas políticas em sala. Quanto maior é o contato do aluno com visões de mundo diferentes, mais amplo tende a ser o universo de ideias a partir do qual pode desenvolver uma visão crítica, e mais confortável tende a ser o trânsito em ambientes diferentes dos seus. É por isso que o pluralismo ideológico e a promoção dos valores da liberdade são assegurados na Constituição e em todas as normas internacionais antes mencionadas, sem que haja menção, em qualquer uma delas, à neutralidade como princípio diretivo (AMORIM; OLIVEIRA, 2020).

Liberdade de cátedra

A expressão liberdade de cátedra, figurou ipsis litteris nas Constituições Federais de 1934, 1946 e 1967 através da afirmação de sua garantia. Na Constituição Federal de 1988 atua como princípio que se insere no direito à educação sendo traduzida nas liberdades descritas pelo Art. 206, inc. II e III que afirmam que o "ensino será ministrado com base nos seguintes princípios" da "liberdade de aprender, ensinar, pesquisar e divulgar o pensamento, a arte e o saber" e do "pluralismo de ideias e de concepções pedagógicas, e coexistência de instituições públicas e privadas de ensino" (BRASIL, 1988; TOLEDO, 2017).

Na reflexão sobre a liberdade de cátedra encontra-se a questão de que a educação tem por essência "ensinar ao homem a própria humanidade". Sendo assim, as relações de ensino são pautadas nas liberdades e direitos de aprender e ensinar que transpassam a relação tradicional professor-aluno. Nas origens do termo "liberdade de cátedra" e na forma em que se apresentava constitucionalmente até 1967 no Brasil, encontrava-se o enfoque no protagonismo do direito docente de professar seus conhecimentos a fim de oferecer ao discente meios de construir suas próprias concepções. Entretanto, as abordagens da CF/88 sobre o direito à educação e as liberdades pedagógicas propiciaram a ampliação do debate sobre o que constitui de fato a liberdade de cátedra (TOLEDO, 2017).

A liberdade de cátedra pode ser compreendida como central no processo educacional, que apesar de seus múltiplos atores, tem na figura do professor e mais especificamente na liberdade do exercício da docência, a sua principal expressão. Essa liberdade tem como objetivo a concretização da educação, prevista no Art. 205 da CF/88 como direito de todos e dever do Estado e da família, devendo ser promovida com a colaboração da sociedade. Constitucionalmente, a educação se apresenta não só de forma ampla como direito social, mas como base para a consolidação do próprio Estado democrático (BRASIL, 1988; TOLEDO, 2017).

A Lei de Diretrizes e Bases da Educação Nacional, nº 9.394, de 20 de dezembro de 1996 é a que delimita a atuação do docente com o objetivo de fornecer conhecimentos do que se considera essencial para os cidadãos do país de forma igualitária. Assim como estão constitucionalmente dispostas, as liberdades de aprender, ensinar, pesquisar e divulgar a cultura, o pensamento, a arte e o saber são os princípios norteadores do processo ensino-aprendizagem no Brasil (BRASIL, 1988, 1996; TOLEDO, 2017).

Liberdade de cátedra x Liberdade de expressão

Ainda assim, é importante destacar que liberdade de cátedra e liberdade de expressão, apesar de direitos coexistentes, não podem ser confundidas. Entre liberdade de cátedra e liberdade de opinião, podem ser destacadas diferenças importantes, pois a primeira serve de instrumento ao direito à educação sendo assim submetida aos objetivos das regras normativas elaboradas para a garantia desse direito. Há outros dois tipos de liberdades contidas na de cátedra: a de aprender e a de ensinar. Se o direito à educação perpassa pela liberdade de professar do docente e pela pluralidade de ideias e concepções pedagógicas, também o discente deve ter garantido o direito de discordar e manifestar-se em contrário. Contudo, não são contrárias e sim complementares tais liberdades e ambas possuem o mesmo objetivo constitucional, de garantir o direito à educação e também são limitadas pelas mesmas normativas que apesar da existência do direito de opinião tanto do aluno quanto do professor, há conteúdos essenciais e curriculares aos quais estão todos submetidos, independente de opiniões individualizadas (RODRIGUES; MAROCCO, 2014).

A liberdade de expressão como direito positivado, apresenta-se no Brasil desde a Constituição Federal de 1824, ainda no período Imperial. Tal direito teve períodos significativos de supressão, mas foi inserido na CF/88 como direito fundamental sobretudo no Art. 5º, incs. IV e IX que dizem que "é livre a manifestação do pensamento, sendo vedado o anonimato" e "é livre a expressão da atividade intelectual, artística, científica e de comunicação, independentemente de censura ou licença". Portanto, novamente, ao observar a natureza jurídica das liberdades de cátedra e de expressão, evidencia-se que a primeira atua como princípio garantidor do direito à educação e a segunda como um direito fundamental em si mesmo (CARVALHO; DE ALBUQUERQUE; CAMPOS, 2016).

Democracia e liberdade de ensinar e aprender

Para compreender como as liberdades se relacionam na sociedade brasileira, é importante resgatar os princípios que regem a vida e o direito em uma República Democrática. A educação tem a função de formar cidadãos, para que exerçam em sua vida em sociedade, os valores republicanos e democráticos. Estes podem ser, respectivamente, elencados a seguir:

> o respeito às leis, acima da vontade dos homens, o respeito ao bem público, o sentido de responsabilidade no exercício do poder; e a virtude do amor à igualdade, o respeito integral aos direitos humanos, o acatamento da vontade da maioria, legitimamente formada, porém com constante respeito pelos direitos das minorias (BENEVIDES, 1996).

Ao pensar sobre uma formação democrática é importante compreender a liberdade como o princípio que deve reger o direito à educação. Desse modo, a liberdade de ensinar, aprender e o pluralismo de ideias e concepções pedagógicas vão garantir a existência de múltiplas perspectivas de produção de saber. Nesse sentido, a concepção de uma educação crítica é constitutiva do exercício da cidadania e traça um território de disputas subjacente aos conflitos e interesses das classes fundamentais, frações de classe e grupos sociais (PENNA et al., 2018).

Partimos do pressuposto que todo e qualquer saber disciplinar constitui-se como um sistema de verdades, que Foucault descreve da seguinte maneira:

> "Há efeitos de verdade que uma sociedade como a sociedade ocidental, e hoje se pode dizer a sociedade mundial, produz a cada instante. Produz-se verdade. Essas produções de verdades não podem ser dissociadas do poder e dos mecanismos de poder, ao mesmo tempo porque esses mecanismos de poder tornam possíveis, induzem essas produções de verdades, e porque essas produções de verdade têm, elas próprias, efeitos de poder que nos unem, nos atam" (FOUCAULT, 2006, p. 229).

Sendo assim, compreendemos que a ordem social capitalista solicita a produção de homogeneidade para que de certo modo seja capaz de produzir controle ideológico. Nessa direção, quando se articula escola a territórios de neutralidade, dispersamos as forças de multiplicidade e inibimos a formação crítica que é fundamental na construção da cidadania.

Ao ferir a autonomia do trabalho docente contrapõe-se à liberdade de ensinar o que por sua vez desnuda a frágil ordem democrática e lança inúmeros desafios para (re)invenção e (re)afirmação da escola como espaço fundamentalmente político. As pretensas "neutralidades" apartidárias delimitam mundos imóveis e estáveis que não configuram análise das relações de poder e a construção democrática das perspectivas do conhecimento.

Ainda, é importante ressaltar que, apesar do crescente número de meios nos quais se possa discutir política e processo democrático, a escola continua sendo o principal local para que se desenvolva uma formação democrática, uma vez que este é o seu objetivo principal, sua missão primordial. Conforme destaca Benevides (1996): "a escola continua sendo a única instituição cuja função oficial e exclusiva é a educação".

É possível haver neutralidade no ensino?

Para entender a educação e o ato de ensinar, deve-se considerar que o homem não constrói sua identidade somente na história, na cultura, tampouco apenas na biologia. Esta formação se dá em conjunto e parte importante dessa identidade se constitui pela classe social a que pertencemos. É relevante perceber que a escola não é somente um local de transposição de conhecimentos, sendo também lugar de formação de sujeitos, onde são produzidas identidades étnicas, de gênero e classe. Nela, o educando necessita compreender como foi constituída a identidade do homem brasileiro. E o educador deve levar em consideração a identidade cultural dos estudantes e o respeito que devemos a ela no exercício da prática educadora, assim forjando sua própria identidade como educador, se posicionando como tal na escola e na sociedade. Paulo Freire diz que o primeiro passo para o respeito à identidade cultural do educando é o reconhecimento de sua identidade nacional e que através da prática que experimentamos as diferenças, e nos descobrimos como "eus" e "tus".

No fragmento a seguir, Freire, retrata uma informação de extrema relevância e demonstra como ainda vivemos uma realidade bem parecida com a época da colonização, onde nobres e plebeus, ou, opressores e oprimidos, têm seus lugares definidos na sociedade:

> "A classe dominante, porém, devido a seu próprio poder de perfilar a classe dominada, primeiro, recusa a diferença, mas, segundo não pretende ficar igual ao diferente. Terceiro, não tem a intenção de que o diferente fique igual a ela. O que ela pretende é, mantendo a diferença e guardando a distância, admitir e enfatizar a inferioridade dos dominados" (FREIRE, 2003, p. 96).

Ainda hoje, no Brasil, existe uma educação diferenciada, que é ministrada de acordo com o seu nível social. O professor como ser político não pode compactuar nem tão pouco contribuir para essa diferenciação sem, contudo, se sentir inferior às classes dominantes e nem menosprezar os populares, conscientes do seu papel, respeitando e valorizando a identidade do educando de modo a não reforçar a ideia de hierarquização que está, na maioria das vezes, presente nas escolas. Diante disso, através de uma pseudoneutralidade não seria uma forma de se esconder a covardia de questionar a realidade, bem como um instrumento de violência simbólica para a manutenção do *status quo*? Conforme nos mostra a seguir:

> "Que é mesmo a minha neutralidade senão a maneira cômoda, talvez, mas hipócrita, de esconder minha opção ou meu medo de acusar a injustiça? "Lavar as mãos" em face da opressão é reforçar o poder do opressor, é optar por ele." (FREIRE, 2013, p. 109)

Os defensores do "Escola sem Partido" afirmam que as escolas promovem ideologias específicas e que o ensino deveria ser neutro. Mas há de se questionar no que consistiria tal neutralidade tão aspirada. Através da obra de Paulo Freire, podemos compreender quais pressupostos seriam necessários para que houvesse neutralidade na educação. Seria necessário que não houvesse nenhum tipo de discordância entre as pessoas, quer seja com relação aos modos de vida pessoal e social, quer seja ao seu posicionamento político ou valores, conforme nos diz:

> "Para que a educação fosse neutra era preciso que não houvesse discordância nenhuma entre as pessoas com relação aos modos de vida individual e social, com relação ao estilo político ao ser posto em prática, aos valores a ser encarnados." (FREIRE, 2013, p. 108)

Conforme já mencionado anteriormente, a narrativa que defende a suposta "neutralidade" ignora os grandes benefícios trazidos pela liberdade para estas discussões realizadas nas escolas. Como por exemplo, a disseminação do próprio conceito de abuso sexual, sofrido por muitas crianças e adolescentes sem que reconheçam que são abusadas por falta de orientação. A narrativa que relega à família exclusivamente a educação sobre sexualidade, desconsidera que na maioria dos casos de abuso infantil, o abusador é um familiar ou amigo próximo, demonstrando o quão temerário é deixar a educação/formação somente nas mãos da família.

Assim como, desconsidera a importância da conscientização sobre a sexualidade e dos gêneros em sua multiplicidade de características, especialmente no sentido de evitar casos de discriminação e violência gratuitas e de todas as formas, seja porque a criança vive em uma família diferente do conceito heteronormativo considerado socialmente aceitável, sendo criada por uma mãe solo, ou por duas mães ou dois pais, seja porque ela mesma se vê de forma diferente do gênero que lhe foi geneticamente atribuído. Exemplos estes que nos mostram o quão perigoso é cercear a liberdade do professor, uma vez que em sala de aula, ele se depara com realidades e modos de pensar diversos, tendo como dever esclarecer todos os lados, e ensinar o respeito à diversidade de ideias, bem como elucidam a total impossibilidade de neutralidade.

Importante ressaltar ainda, que tal posicionamento desconsidera a preparação, bem como ignora a existência de uma ética profissional por parte dos professores ao ensinar seja qual conteúdo for. Independentemente de seu posicionamento, seja ele político, ideológico ou filosófico, é compromisso do professor apresentar todas as vertentes, ainda que não concorde com elas, fazendo com que os educandos adquiram pensamento crítico acerca da realidade, uma vez que ensinar não é apenas transferir conteúdo, conforme nos diz Paulo Freire:

> "É por isso, repito que ensinar não é transferir conteúdo a ninguém, assim como aprender não é memorizar o perfil do conteúdo transferido no discurso vertical do professor. Ensinar e aprender têm que ver com esforço metodicamente crítico do professor de desvelar a compreensão de algo e com empenho igualmente crítico do aluno de ir entrando como sujeito em aprendizagem, no processo de desvelamento que o professor ou professora deve deflagrar." (FREIRE, 2013, p. 116)

Não se pode esquecer que a nossa liberdade só se torna madura no confronto com outras liberdades, ainda que seja para defender seus direitos perante outras autoridades, de forma respeitosa, e isso só ocorre através de experiências que estimulem a decisão e a responsabilidade.

Considerações finais

Portanto, o princípio da neutralidade de ensino defendido pelos partidários do "Escola Sem Partido" torna-se amplamente contestável. É possível questionar se sequer é possível haver neutralidade em qualquer tipo de relação humana. A política não é neutra, o direito não é neutro, a educação tampouco o será, pois carrega em si os objetivos de uma sociedade que é cercada de ideologias e posicionamentos. Nesse sentido, a própria constituição do "Escola Sem Partido" o torna repleto de ideologias políticas conservadoras e neoliberais e sua progressão no cenário político nacional delimitou com bastante clareza os grupos que possuíam interesse em restringir a liberdade acadêmica (GOMES FERNANDES; CICILIO, 2020); (TOLEDO, 2017).

A escola precisa garantir que os jovens possuam informações sobre todos os debates relevantes da vida em sociedade para fornecer meios para desenvolverem sua liberdade de pensamento, transmitindo os conhecimentos científicos reconhecidos e apropriados para cada grau de desenvolvimento humano. O debate sobre a liberdade de ensino perpassa por diversas discussões que ainda não se esgotaram no cenário nacional, mesmo considerando as derrotas do "Movimento Escola Sem Partido". Questões sobre como abordar gênero e sexualidade, sobre o ensino religioso, sobre como trazer o aluno como coprotagonista de seu aprendizado, tirando-o de uma posição passiva e vulnerável em sala de aula, precisam ser abordadas para a evolução pedagógica nas escolas do país. Contudo, garantida pela Constituição Federal e reafirmada pelo STF, o cerceamento da liberdade de expressão não é a resposta para o dilema dos limites da liberdade de cátedra.

Referências

AMORIM, F.; OLIVEIRA, M. **STF decide que lei inspirada no Escola sem Partido é inconstitucional.** Disponível em: <https://noticias.uol.com.br/politica/ultimas-noticias/2020/08/21/stf-tem-maioria--contra-lei-de-alagoas-inspirada-no-escola-sem-partido.htm>. Acesso em: 17 jun. 2021.

BARRAGÁN, A. **Cinco 'fake news' que beneficiaram a candidatura de Bolsonaro** |Notícias| EL PAÍS Brasil. Disponível em: <https://brasil.elpais.com/brasil/2018/10/18/actualidad/1539847547_146583.html>. Acesso em: 25 jun. 2021.

BENEVIDES, M. V. DE M. Educação para a democracia. **Lua Nova: Revista de Cultura e Política**, p. 223–237, dez. 1996.

BRASIL. **CONSTITUIÇÃO DA REPÚBLICA FEDERATIVA DO BRASIL DE 1988.** 1988.

BRASIL. 9394. LEI No 9.394, DE 20 DE DEZEMBRO DE 1996. 20 dez. 1996.

CAMPOREZ, P. **CPI das Fake News identifica 2 milhões de anúncios do governo em canais de "conteúdo inadequado" - Política.** Disponível em: <https://politica.estadao.com.br/noticias/geral,-cpi-das-fake-news-identifica-2-milhoes-de-anuncios-do-governo--em-canais-de-conteudo-inadequado,70003323222>. Acesso em: 25 jun. 2021.

CARVALHO, A. P. D.; DE ALBUQUERQUE, F. R.; CAMPOS, T. DE S. Uma Breve Análise: Liberdade Acadêmica e Liberdade de Expressão. p. 21, 2016.

ESCOLA SEM PARTIDO. **Programa Escola sem Partido. Escola Sem Partido**, [s.d.]. Disponível em: <https://escolasempartido.org/programa-escola-sem-partido/>. Acesso em: 16 jun. 2021

FOUCAULT, M. **Ditos e Escritos - Vol. IV - Estratégia Poder-Saber: Volume 4.** 2a edição ed. Forense Universitária, 2006.

FREIRE, P. **Professora, sim; tia, não**. 20a edição ed. [s.l.] Olho D´água, 2003.

FREIRE, P. **Pedagogia da autonomia**. 47a edição ed. São Paulo: Paz & Terra, 2013.

GOMES, D. M.; FERNANDES, C. M. F. L.; CICILIO, T. DA S. Liberdade de Cátedra, Escola sem Partido e Vedação à Censura Prévia. Em: **Educação e Direitos Humanos**. Rio de janeiro: [s.n.]. p. 6.

GRAGNANI, J. Um Brasil dividido e movido a notícias falsas: uma semana dentro de 272 grupos políticos no WhatsApp. **BBC News Brasil**, 5 out. 2018.

LEITE, L.; CÓLEN, R.; G1 AL. **Entenda o que o Projeto Escola Livre muda no ensino estadual em Alagoas**. Disponível em: <http://g1.globo.com/al/alagoas/noticia/2016/04/entenda-o-que-o-projeto-escola-livre-muda-no-ensino-estadual-em-alagoas.html>. Acesso em: 17 jun. 2021.

NAGIB, M. **Caos: a receita de Jean Wyllys para a educação brasileira. Escola Sem Partido**, 5 ago. 2020. Disponível em: <https://escolasempartido.org/blog/caos-a-receita-de-jean-wyllys-para-a-educacao-brasileira/>. Acesso em: 16 jun. 2021

NEZINHO, R. **Conheça o projeto Escola Livre aprovado pela Assembleia Legislativa**. Disponível em: <http://ricardonezinho.com.br/conheca-o-projeto-escola-livre-aprovado-pela-assembleia-legislativa/>. Acesso em: 17 jun. 2021.

PENNA, F. et al. (EDS.). **Educação democrática**: antidoto ao Escola sem Partido. Rio de Janeiro: LPP/UERJ, 2018.

PORTAL STF. **Ministra Cármen Lúcia defere liminar que reafirma livre manifestação de ideias em universidades**. Disponível em: <https://stf.jusbrasil.com.br/noticias/643404093/ministra-carmen-lucia-defere-liminar-que-reafirma-livre-manifestacao-de-ideias-em-universidades>. Acesso em: 16 jun. 2021.

PROFESSORES CONTRA O ESCOLA SEM PARTIDO. **Professores contra o Escola sem Partido**. Disponível em: <https://profscontraoesp.org/>. Acesso em: 16 jun. 2021.

RODRIGUES, H. W.; MAROCCO, A. DE A. L. **Liberdade de Cátedra e a Constituição Federal de 1988:** Alcance e Limites da Autonomia Docente. p. 26, 2014.

ROMANO, R. T. **A ADPF 548 e uma lição de democracia.** Disponível em: <https://politica.estadao.com.br/blogs/fausto-macedo/a-adpf-548-e-uma-licao-de-democracia/>. Acesso em: 16 jun. 2021.

SHAW, C. **Censura na Educação - entenda o que é o PL Escola Sem partido**. Disponível em: <https://www.anped.org.br/news/censura-na-educacao-entenda-o-que-e-o-pl-escola-sem-partido>. Acesso em: 16 jun. 2021.

SUPREMO TRIBUNAL FEDERAL. **Arguição de Descumprimento de Preceito Fundamental 548 Distrito Federal**.15 maio 2020.

T.B; EL PAÍS. "**O professor da minha filha comparou Che Guevara a São Francisco de Assis"**. Disponível em: <https://brasil.elpais.com/brasil/2016/06/23/politica/1466654550_367696.html>. Acesso em: 16 jun. 2021a.

T.B; EL PAÍS. "Eles querem retirar a diversidade da escola". Disponível em: <https://brasil.elpais.com/brasil/2016/06/24/politica/1466802333_665468.html>. Acesso em: 16 jun. 2021b.

TOLEDO, C. M. Q. DE. Direito à liberdade de cátedra. Em: **Enciclopédia Jurídica da PUCSP**. Tomo Direito Administrativo e Constitucional. [s.l: s.n.]. v. Edição 1.

UOL. **Após derrota no STF, fundador do Escola Sem Partido diz que deixa movimento.** Disponível em: <https://educacao.uol.com.br/noticias/2020/08/22/apos-derrota-no-stf-fundador-do-escola-sem-partido-diz-que-deixa-movimento.htm>. Acesso em: 17 jun. 2021.

Capítulo 10

EUTANÁSIA: Breve Histórico, Conceitos e Direitos Fundamentais

Thais Michele de Medeiros Riguete
Aldilene Abreu de Azevedo

O avanço das tecnologias das ciências em saúde, ao longo da história da humanidade, teve como um de seus objetivos principais o prolongamento da vida. Buscar formas de retardar o envelhecimento e a descoberta da cura de doenças representam um dos movimentos mais fascinantes das pesquisas que envolvem a vida e morte. Apesar da ânsia de ludibriar a finitude, essa existe, e deveria ser enfrentada de forma natural, pois trata-se da última fase do ciclo da vida humana.

A morte é tratada pelas mais distintas formas possíveis de acordo com a cultura de cada país. O Brasil é oficialmente um estado laico, mas apresenta em seu território a predominância de algumas crenças e religiões como católica, evangélica, espírita e as de matrizes africanas (IBGE, 2010). O fato da sociedade brasileira ter forte vínculo religioso é um dos principais motivos que levam diretamente discussões de novos e complexos questionamentos acerca dos direitos sobre a vida.

A evolução das ciências é de extrema importância na desconstrução dos paradigmas sobre os limites do corpo humano. O uso de técnicas e medicações com capacidade de prolongar o ciclo da vida, principalmente para quem se encontra em estados graves e terminais (SILVA, 2013), tem sido de grande valia para existência humana, mas em algum momento será impossível evitar a finitude da vida.

O direito à vida é considerado um dos mais elementares dos direitos, sendo amparado pela Constituição Brasileira (1988), uma vez que sem vida nenhum outro direito pode ser fruído, encontrando-se expresso no *caput* do art. 5º "... a inviolabilidade do direito à vida, à liberdade, à igualdade...". É mister, contudo, ressaltar que esse direito deve ser observado através de dois prismas: o direito de permanecer vivo, alcançando a vida intrauterina e extrauterina, e o direito à vida digna (LENZA, 2022).

É inquestionável que o direito à vida não pode ser resumido a uma mera sobrevivência física, pois contrariaria um dos fundamentos basilares da carta magna, a dignidade da pessoa humana. Tal conjunção caminha em direção a interpretação da existência do direito a uma vida digna e aos desdobramentos decorrentes da existência humana em si, incluindo obviamente a morte. A Constituição, entretanto, não se debruçou sobre o direito à morte, mas há parte da doutrina que sustenta a possibilidade de regulamentação desse direito fundamentado no princípio da dignidade da pessoa humana, assegurando, assim, o direito à morte digna (LENZA, 2022).

Nessa senda, a ideia uma existência humana digna, surge uma complexa questão da disposição da própria vida, o que leva a análise de alguns institutos, como por exemplo, distanásia, mistanásia, ortotanásia e principalmente eutanásia. Hodiernamente, pelo fato do Supremo Tribunal Federal (STF) ainda não ter apreciado a matéria, a prática da eutanásia continua ensejando um crime previsto no art. 121, §1º do Código Penal (1940), ou seja, homicídio privilegiado, pois é executado por motivo de relevante valor moral, tratando-se de causa de diminuição de pena (BRASIL, 1988; LENZA, 2022). Em tramitação no Congresso Nacional, o projeto do novo Código Penal Brasileiro, prevê expressamente, em seu texto original, que a prática da eutanásia é um crime, contudo, entende a ortotanásia como causa de exclusão de ilicitude (BRASIL, 2012).

> **Eutanásia**
>
> Art. 122. Matar, por piedade ou compaixão, paciente em estado terminal, imputável e maior, a seu pedido, para abreviar-lhe sofrimento físico insuportável em razão de doenças grave:
>
> Pena – prisão, de dois a quatro anos.
>
> §1º O juiz deixará de aplicar a pena avaliando as circunstâncias do caso, bem como a relação de parentesco ou estreitos laços de afeição do agente com a vítima.
>
> **Exclusão de ilicitude**
>
> §2º Não há crime quando o agente deixe de fazer uso de meios artificiais para manter a vida do paciente em caso de doença grave e irreversível, e desde que essa circunstância esteja previamente atestada por dois médicos e haja consentimento do paciente, ou, na sua impossibilidade, de ascendente, desentende, cônjuge, companheiro ou irmão.

Destarte, como no Brasil a eutanásia é considerada um crime contra a vida, a forma mais humanizada de tratar pessoas que se encontram em sofrimento extremo e insuportável, devido a doença incurável, se dá por meio dos cuidados paliativos. O paliativismo nasceu, entre as décadas de 50 e 60, a partir de práticas e discursos que se iniciaram na Inglaterra e nos Estados Unidos. Nesse momento histórico, os pacientes eram assistidos com práticas terapêuticas insuficientes e alinhadas a uma ciência médica mecanizada, no qual o doente era totalmente excluído da tomada de decisões sobre sua própria saúde (MENEZES, 2004). Hoje, contudo, os cuidados paliativos representam um necessário e permanente apoio que tem por objetivo a preservação da qualidade de vida do paciente em quadro irreversível que se encontra no fim da vida. A regra é que pacientes terminais e em estado vegetativo permanente, faz-se indispensável a assistência e os cuidados para uma sobrevida digna e sem sofrimentos, físicos ou psíquicos, ainda que paliativos (FRANÇA, 2014).

A morte é um fato, independentemente do ponto de vista, religioso ou científico. Assim, baseado nessa previsibilidade o processo de morte trata-se de um momento singular e individual de cada ser humano. Por isso, a importância de se respeitar liberdade de escolha de como deseja-se passar por tal processo, tratando-se de uma decisão acima de questões morais e religiosas. O ato de morrer é único, devendo ser considerado um direito personalíssimo, não devendo ser tolerado interferências por pessoas ou grupos religiosos, políticos, entre outros. Ademais, corroborando com o constante e irreversível desenvolvimento de recursos tecnológicos aplicados à saúde e a manutenção da vida, faz-se necessário repensar, afinal, o que é dignidade (ao longo da vida e da morte) e autonomia individual? (MENEZES, 2012).

O objetivo será elucidar o histórico da eutanásia, apontar os principais entraves, oposições, derivações conceituais e aspectos jurídicos sobre a eutanásia. Além disso, apresentar alguns casos relevantes e midiáticos. Outrossim, serão ventilados conjuntamente os direitos humanos e os direitos fundamentais no que conferem o direito à vida e à dignidade humana, subsidiando um debate reflexivo acerca da validação da eutanásia, contudo, não havendo a intenção de esgotar o tema.

Breve recorte histórico da eutanásia

A história da eutanásia perpassa por diferentes povos e culturas. Durante a Grécia antiga, Sócrates, Platão e Epicuro, acreditavam que o sofrimento intenso gerado pelo adoecimento seria capaz de justificar a opção pelo suicídio. Em contraposição, Hipócrates abominava a prática, o que pode ser evidenciado em seu juramento "Eu não darei qualquer droga fatal a uma pessoa, se me for solicitado, nem sugerirei o uso de qualquer uma deste tipo". A discussão ideológica seguiu seu caminhar histórico, endossado por diversas práticas culturais, como por exemplo das comunidades Celtas e Índia, a qual compreendem que o ato de matar pessoas que se encontram enfermas é objetivamente o alívio do sofrimento físico. Na idade média, cita-se os golpes de misericórdia nos soldados feridos nas batalhas. Na América do Sul havia a prática constante de eliminações das crianças nascidas com deficiência pelos povos indígenas (GOLDIM, 2021).

Ao longo do tempo, pode-se destacar alguns momentos correlacionados com a eutanásia. No século XX, o Uruguai (1934), baseado na doutrina de Jiménez de Asúa, incluiu a possibilidade da eutanásia em seu Código Penal, nomeando como "homicídio piedoso". O que levou o país a ser o primeiro do mundo a legislar sobre a possibilidade da realização da eutanásia (GOLDIM, 2021). Infelizmente, erroneamente a eutanásia já foi associada a prática eugenista, principalmente durante o Nazismo, por meio da criação do programa nazista de eutanásia (1939), o qual era fundamentado na ideia de um aprimoramento da raça humana. Nesse nefasto período, a eugenia ocorria através da eliminação de indivíduos que possuíam algum tipo de deficiência, pacientes terminais, pessoas com condições físicas e doenças consideradas indesejáveis, denominado como uma espécie de "purificação racial", o que por si só é uma deturpação do conceito de eutanásia (BARROSO; MARTEL, 2010).

Em 1980, o Vaticano publica a Declaração sobre Eutanásia, na qual se posiciona contra o ato.

> As Normas presentes nesta Declaração estão inspiradas por um profundo desejo de servir o homem segundo o desígnio do Criador. Se, por um lado, a vida é um dom de Deus, pelo outro, a morte é inelutável; é necessário, portanto, que, sem antecipar de algum modo a hora da morte, se saiba aceitá-la com plena responsabilidade e com toda a dignidade. É verdade que a morte marca o termo da nossa existência terrena, mas, ao mesmo tempo, abre também a via para a vida imortal. Por isso, todos os homens devem preparar-se cuidadosamente para este acontecimento, à luz dos valores humanos, e os cristãos mais ainda à luz da sua fé (VATICANO, 1980).

Em contrapartida, o Movimento pelo Direito de Morrer com Dignidade Colombiano (1979), já incentivava a elaboração de documentos os quais pudessem explicitar o desejo quanto a escolha do uso de recursos tecnológicos em situações que o indivíduo estivesse inapto a responder sobre seus próprios desejos. A Colômbia avançou sobre o tema e a partir de 1997, ninguém poderia ser criminalizado por tirar a vida de um paciente em estado terminal, desde que tenha recebido seu consentimento com a finalidade de propiciar uma morte digna (BARBOSA; LOSURDO, 2018). Em 2000, a Câmara de Representantes de Países Baixos aprovou a legislação sobre morte assistida, mesmo diante da posição contrária da decisão de parte de seu plenário. Ademais, a lei aprovada permitiu, inclusive, que menores de idade pudessem realizar a solicitação (GOLDIM, 2021).

Conceitos relativos as práticas da terminalidade da vida

Eutanásia

A palavra eutanásia, é originada do grego *eu* (bem) e *thanatos* (morte), significando boa morte, morte suave, calma, doce, indolor e tranquila (GOLDIM, 2021). Além disso, pode ser compreendida unicamente por sua etimologia, mas seu entendimento é muito mais amplo, abrangendo uma combinação de princípios morais, religiosos e terapêuticos. Expressivamente é um ato de cuidado e respeito aos direitos fundamentais, em especial ao princípio da liberdade, autonomia, dignidade humana e o direito de estar livre da dor. Uma maneira realista de se evitar um sofrimento exacerbado e duradouro devido uma condição patológica irreversível (DINIZ, 2010).

É mister, destacar que há subtipos na eutanásia, podendo ocorrer de maneiras diversas, tais como (NEUKAMP, 1937):

1) Eutanásia ativa: Ato com a intencionalidade de propiciar a morte sem sofrimento do paciente, com finalidades humanitárias.

2) Eutanásia passiva: A morte ocorre por omissão consciente, sem iniciar qualquer intervenção clínica, a qual seja capaz de propiciar a perpetuação da sobrevida.

3) Eutanásia de duplo efeito: A morte é antecipada através de uma série de procedimentos (uso de medicamentos), os quais não tem por objetivo o êxito letal, mas o alívio da dor e sofrimento do paciente e que também pode levar ao óbito, de forma indireta.

Suicídio Assistido

O suicídio assistido pode ser entendido como a solicitação de uma pessoa à outra no auxílio na sua morte, caso não seja capaz de fazê-lo sozinho. Nesta situação, o enfermo está completamente consciente sobre a opção de morte, o que difere da eutanásia, pois nem sempre o enfermo está consciente, como em situações de coma, no qual a manutenção da vida se dá através de aparelhos (SIQUEIRA-BATISTA; SCHRAMM, 2004).

Atualmente, sua prática é permitida na Europa, em quatro países, Holanda, Bélgica, Luxemburgo e Suíça; com também no Canadá e Estados Unidos, mais precisamente nos estados do Oregon, Washington, Montana e Vermont. Adicionalmente, na América do Sul, a Colômbia é o único país que permite a prática (DYER; WHITE; RADA, 2015). A Suíça, contudo, tem destaque na morte assistida, pois no país pode-se realizar a prática sem a participação médica, além de não haver necessidade de estar em fase terminal, bastando apenas o desejo de morrer (GOLDIM, 2021).

Mistanásia

A mistanásia pode ser compreendida como abandono social, econômico, sanitário, higiênico, educacional e de saúde e segurança, no qual a pessoa que se encontra em estado de vulnerabilidade acaba evoluindo à óbito por descaso e negligência, sendo uma grave violação dos direitos humanos (CABETTE, 2009).

Infelizmente, trata-se de uma prática ligada as condições socioeconômicas e acesso ao sistema de saúde precário do país, o qual poderia ser evitado. As dificuldades encontradas pela população ao acesso ao Sistema Único de Saúde (SUS) favorecem no aumento da prática. A mistanásia, portanto, é um problema que envolve políticas públicas, tratando-se de uma morte prematura, evitável, dolorosa e desumana, pois a pessoa tem por desejo se manter viva (FRANÇA, 2013).

Sendo assim, vincula-se mistanásia a ação e omissão estatal, pela ausência de estrutura, insumos, profissionais qualificados, entre outros. A camada mais pobre da população, a qual necessita da saúde pública, obviamente, estará mais sujeita a essa prática, cuja vida é desvalorizada em virtude das condições sociais. O seu enfretamento trata-se de uma urgência humana, pois o descaso estatal associado a indiferença da sociedade somente favorece a manutenção de ambientes de saúde em que a mistanásia fica cada vez mais naturalizada.

Distanásia

A distanásia pode ser entendida como a utilização excessiva de recursos clínicos injustificáveis, na tentativa de manter a vida do paciente que se encontra em estado terminal, com o escopo de retardar sua morte, gerando mais dor e sofrimento (SANTORO, 2010). Apesar de não ser tão conhecido, trata-se também de uma prática comum, principalmente na saúde suplementar, a qual tem por objetivo o lucro.

Ademais, também é conhecida como obstinação terapêutica (SELLI; ALVES, 2009), em que o prolongamento artificial da vida, torna-se uma morte difícil e dolorosa. A manutenção e prolongamento da vida biológica, através de tratamentos e equipamentos, necessita ser enfrentada, pois trata-se de uma vida sem dignidade, a qual tem por preocupação principal a quantidade de tempo de vida. Fato que se diferencia da eutanásia, a qual tem por foco a qualidade de vida remanescente e não o tempo.

Ortotanásia

A ortotanásia está associada a morte natural e ao direito de morrer com dignidade. Etimologicamente, a ortotanásia traz em seu significado a "morte correta", *orto*: certo; *thanatos*: morte (MARTINI, 2010). Nessa prática, a morte é vista com algo natural e comum, não tendo como objetivo o prolongamento ou abreviamento da vida, mas a busca pela forma mais digna, adequada e respeitosa para o processo de finitude. O paliativismo utiliza-se da ortotanásia, onde um enfermo terminal é encaminhado para seus cuidados, onde são realizadas estratégias para impedir ou atenuar sofrimento físico ou psicológico, permitindo, assim, o curso natural do processo da vida.

Casos concretos relevantes

Um emblemático caso, ocorrido no Peru, é de uma psicóloga peruana, 45 anos, portadora poliomiosite, uma doença autoimune, progressiva e degenerativa, que atrofia e inflama toda musculatura. Apesar de ter sido diagnostica desde seus 12 anos, nos últimos tempos tornou-se ainda mais dependente de cuidados, além de ser mantida ininterruptamente conectada ao respirador artificial. Em fevereiro de 2021, a defensoria ajuizou uma ação à Corte Superior de Justiça de Lima solicitando a inaplicabilidade do art. 112 CP, que tipifica o homicídio misericordioso, pois caso a psicóloga escolhesse um médico para auxiliá-la na realização da eutanásia, sem que o mesmo seja processado pelo auxílio. Em fevereiro de 2022, a Corte Superior de Justiça de Lima julgou procedente, mas ainda cabia recurso à Suprema Corte. Ainda no mesmo ano, a Suprema

Corte julgou procedente o pedido, sendo a primeira autorização da prática da eutanásia no país (DADALTO, 2022b)

Outro caso amplamente divulgado nas mídias, foi de uma mulher colombiana com 51 anos, portadora de esclerose lateral amiotrófica (ELA). A autorização para realização da eutanásia foi concedida, mas cancelada na véspera, com o fundamento de não haver critério de terminalidade da vida, ou seja, não havia presença de doença terminal. A Vara Cível do Circuito de Medelín, contudo, ordenou a realização da eutanásia afirmando que os médicos não têm como mensurar o sofrimento de um paciente, cabendo apenas a esse informar se é algo insuportável e incompatível com a sua ideia de vida digna, pois é um ato personalíssimo. No dia 08 de janeiro de 2022, finalmente a colombiana conseguiu a realização de sua eutanásia, após intensa batalha judicial (DADALTO, 2021b)

A eutanásia, por si só, já é um tema espinhoso, mas quando sua prática se dá em crianças, mais complexo e temeroso torna-se. Em agosto de 2017, no Canadá, nasceu um bebê com inúmeras comorbidades, sendo diagnóstico, em agosto de 2018, com Síndrome de Mednik, doença genética raríssima é incurável, conhecida também por Síndrome de Kamouraska, que causa surdez, deficiência intelectual severa e problemas intestinais, além de uma expectativa de vida curta. Contrariando, contudo, as expectativas, o bebê tevê alta e iniciou os cuidados paliativos. Em agosto de 2021, sua mãe solicitou ao Parlamento que legalize a assistência médica ao morrer (MAID - *medical assistance in dying*) para crianças. Além disso, afirmou que não deseja submeter o filho a eutanásia nas próximas semanas, mas que essa possibilidade esteja disponível caso a saúde de seu filho piore. O presidente da Comissão de Cuidados no Fim da Vida, afirma que tal decisão é perigosa, pois poderia ser interpretada como eugenia. Importante ressaltar que a eutanásia em crianças está em discussão na Holanda, mas é permita em bebês (0 a 1 ano) e adolescentes (DADALTO, 2021a).

O ex-ator Alain Delon sempre defendeu publicamente a legalização da eutanásia na França. Em 2019, sofreu um acidente vascular cerebral, o qual debilitou extremamente sua saúde. Em 2021, sua ex-esposa morreu de câncer no pâncreas de forma natural, mas havia realizado o pedido para realização da eutanásia. Atualmente, Alain Delon, mora na Suíça, país em que a eutanásia é proibida, mas o suicídio assistido é legalizado ((DADALTO, 2022a)

O conflito entre os direitos fundamentais à vida e à dignidade *vs.* eutanásia

Entre os direitos essenciais do ser humano há inúmeros termos e designações, como direito humano, direito fundamental, direito natural e direito individual e coletivo. As terminologias variam tanto nas doutrinas como em documentos, de natureza nacional e internacional, tal imprecisão é o resultado da evolução da proteção dos direitos essenciais. A Constituição (1988) utiliza expressões como direito humano, direitos e garantias fundamentais, direitos e liberdades fundamentais e direitos fundamentais da pessoa humana. Há quem utilize da união entre os direitos humanos e os direitos fundamentais, criando a terminologia direitos humanos fundamentais (RAMOS, 2017). Faz-se importante destacar que direito humano é uma expressão ligada ao direito internacional público, ou seja, são direitos garantidos na esfera internacional. Os direitos fundamentais tratam da proteção interna dos direitos do cidadão, os quais encontram-se positivados nas cartas constitucionais contemporâneas, ou seja, positivado na ordem jurídica interna de um país (MAZZUOLI, 2021).

O art. 5º da Carta Magna (1988) consagra um rol de direitos e garantias fundamentais, mas não se pode afirmar que o artigo esgota todos, pois há inúmeros espalhados por todo texto constitucional. Para a reflexão da temática, contudo, destacamos entre os cinco direitos fundamentais básicos, o direito à vida e o direito à liberdade. A própria Declaração Universal do Direitos Humanos (1948) afirma em no art. 3º que "Todo ser humano tem direito à vida, à liberdade e ....", sendo esses os mais conectados na discussão da prática da eutanásia. Dentro desse contexto, paira uma interminável questão sobre o que deve prevalecer, a sacralidade da vida ou a morte digna. Ademais, pode-se aprofundar indagando se estar vivo é igual a ter vida, ou seja, uma vida biológica é igual uma vida em seu aspecto biográfico (FRANÇA, 2013).

O direito à vida é tutelado de forma ampla, não apenas extrauterina como também intrauterina. A garantia de proteção à vida não se limita a condição física, pois abrange todos os desdobramentos decorrentes de como a vida alcançará a plenitude. Apesar de muitas interpretações deve-se lembrar que o Brasil tem como fundamento a dignidade da pessoa humana, resultando na compreensão de uma existência digna, corolário do Estado Democrático de Direito. A posição majoritária, contudo, é que vida não pode ser privada, pois é inviolável, não podendo ser interrompida por nenhum agente externo durante seu curso (MABTUM; MARCHETTO, 2015).

O direito à liberdade é consagrado constitucionalmente através de várias liberdades específicas, as quais podem ser categorizadas de forma distintas. A ideia de liberdade é entendida como uma condição de dispor de si, uma faculdade de decidir ou agir segundo seu desejo. Outra perspectiva seria a existência do direito geral a liberdade no texto constitucional, apesar de não ser majoritária pela doutrina, atuaria como princípio geral de interpretação e integração das liberdades. Além de abarcar casos concretos que não se enquadrassem no rol das liberdades específicas da ordem constitucional (ANDRADE, 2020).

No Brasil, a prática da eutanásia, é considerada homicídio privilegiado, não deixando de ser homicídio previsto no art. 121, *caput*, CP, todavia, devido a presença de circunstâncias subjetivas conduz a uma menor reprovação social e consequentemente se prevê causa de diminuição de pena. Há três hipóteses legais de homicídio privilegiado, entre essas, por motivo de relevante valor moral, a qual se fundamenta a eutanásia. O agente impelido por compaixão diante de um sofrimento excessivo e desumano da vítima, antecipa sua morte. Ademais, é realizado mediante o consentimento expresso ou presumido, com objetivo de cessar o martírio da vítima (CAPEZ, 2022).

No campo médico, o art. 41 do Código de Ética Médica (2019) aduz que é vedado ao médico:

> Art. 41. **Abreviar a vida do paciente, ainda que a pedido deste ou de seu representante legal.** Parágrafo único. Nos casos de doença incurável e terminal, deve o médico oferecer todos os cuidados paliativos disponíveis sem empreender ações diagnósticas ou terapêuticas inúteis ou obstinadas, levando sempre em consideração a vontade expressa do paciente ou, na sua impossibilidade, a de seu representante legal (grifo nosso).

O Conselho Federal de Medicina (CFM) há dez anos publicou a resolução que autoriza o emprego das diretivas antecipadas, contudo, o instrumento ainda é alvo de muitas críticas e discussões (CFM, 2012). A regulamentação é a primeira sobre a matéria no país, além disso em observância técnica ao instituto, foi reconhecido em um único documento, o testamento vital (*living will*) e o mandato duradouro. Ambos são utilizados quando o paciente estiver sem condições de se expressar, livre e conscientemente, mesmo que em situação transitória, ou seja, não havendo exigência de terminalidade (DADALTO, 2013).

Assim, ao tratar sobre o direito à vida, direito à morte digna, direito à liberdade de escolha, deve-se analisar através dos princípios dos direitos humanos, a dignidade da pessoa humana e o da autonomia da pessoa. A dignidade humana está entre os valores supremos e pelos quais devem ser interpretados todos os demais direitos, sendo um dos princípios fundamentais que regem as ações do Estado. Além disso, é entendida como a autoridade moral, a respeitabilidade e o respeito a si mesmo (CABRERA, 2010). Ademais, esse princípio tem relação direta com a ideia de livre arbítrio, ou seja, devendo ser considerado as decisões, intenções e expressões de consentimento do ser humano. O conceito de dignidade compreende a liberdade, singularidade, intencionalidade e capacidade de inovação (OLIVEIRA; TELES; CASARA, 2021). O princípio da autonomia tem centralidade na liberdade de cada indivíduo estabelecer planos de ação ou omissão em sua vida. A sua força normativa tem grande impacto, pois impede que o Estado interfira contra a escolha, vontade e planos das pessoas, sendo a interferência legitima apenas em caso de danos e risco a terceiros (OLIVEIRA; TELES; CASARA, 2021).

Essas questões, contudo, também envolvem outros saberes, como a bioética e biodireito, com destaque ao direito à vida, desde seu momento inicial até sua finitude. A bioética é um estudo transdisciplinar entre biologia, medicina, filosofia (ética) e direito (Biodireito), debruçando-se sobre conflitos onde não há consenso moral, como por exemplo a eutanásia, buscando estabelecer um padrão moral socialmente adequado, compreendido e aceito pela sociedade. A bioética apresenta quadro princípio basilares, entre esses, destaca-se o princípio da autonomia, o qual valoriza a vontade do paciente e seus representantes, levando em consideração valores morais e religiosos. O domínio do paciente sobre sua própria vida é protegido por esse princípio, restringindo assim o poder de terceiros no direito à liberdade de escolha em seu tratamento e em sua vida (FRANÇA, 2014; GOLDIN, 2022).

O Biodireito é compreendido como um novo ramo jurídico, o qual trata de questões que envolvem a bioética e o direito, ou seja, também se caminha sobre temas espinhosos, como a eutanásia. Também apresentada alguns princípios norteadores, entre esses o princípio da autonomia, o qual é definido como autogoverno do ser humano no que tange as decisões sobre tratamentos médicos e experimentações cientificas, os quais poderá ser submetido. Atua como agente normatizador da problematização trazida pela bioética, pois o direito não pode se furtar de enfrentar os desafios trazidos da medicina, os quais envolvem o corpo, a vida e a dignidade humana (FRANÇA, 2014; GOLDIN, 2022).

Sendo assim, é transparente os conflitos no que se refere a eutanásia pois de um lado, há princípios pessoais, ideológicos e religiosos, que condenam a interrupção da vida independentemente da justificativa. De outro, a legalização da eutanásia é uma questão de caráter público, necessitando ser analisada com objetivo do bem comum além se como conduzida de maneira impessoal. Se a vida e a morte então interligadas, uma vez que há a garantia da vida e da dignidade humana, por quê a morte não pode ser de iniciativa individual, uma vez que o sujeito já não mais considera sua vida e estado de saúde como sendo dignos? E por que deveríamos preservar uma vida repleta de dor e sofrimento e que já não cumpre os desígnios da dignidade? (REIS; OLIVEIRA, 2019). O direito à morte digna consiste em respeitar a autonomia do sujeito, suas crenças e valores e sobretudo sua concepção de vida e morte (MABTUM; MARCHETTO, 2015).

Considerações Finais

A eutanásia pode ser entendida como uma prática realizada ao longo da história por diversos povos e culturas, trazendo consigo significados e justificativas distintas. Há convicções e posicionamentos que perpassam por aspectos religiosos, biológicos, éticos e morais. Alguns defendem a ideia de que a vida é um princípio inviolável, de acordo com o que está presente na Constituição (1988). Outros justificam sua inalterabilidade por meio de princípios religiosos, os quais compreendem que a vida só deve ser interrompida mediante aos desígnios divinos. Em contrapartida, alguns países defendem a ideia de que determinados desfechos de saúde ferem o princípio fundamental da dignidade humana, cabendo assim, ao indivíduo a possibilidade de escolher optar por antecipar sua morte de forma digna, objetivando o alívio da dor e do sofrimento gerados por uma doença que o leve a um estado terminal.

Há diversas possíveis variações do conceito de eutanásia, que incluem a possibilidade de ação direta objetivando a morte e ação indireta por meio da não utilização de intervenção clínica. Além, das intervenções de duplo efeito que objetivam o alívio da dor, mas que também levam à óbito em decorrência dos efeitos secundários do medicamento. Além disso, há o suicídio assistido que ocorre quando uma pessoa solicita ajuda a outra de forma consciente para pôr fim a sua própria vida e a ortotanásia que estaria ligada à ideia da morte natural, sem antecipação e prolongamento e de forma respeitosa, estando relacionada aos cuidados paliativos. A distanásia, por sua vez, se relaciona a utilização de medicamentos de forma injustificável com a finalidade de prolongar a vida de um paciente em estado terminal. E por fim, a mistanásia que seria a morte em decorrência de aspectos socioeconômicos como situações de vulnerabilidade e negligência do Estado.

A questão não é simples, seria fácil apenas se posicionar contra ou a favor da eutanásia. O enfrentamento do conceito de morte trata-se de um grande passo na busca da compreensão do que é a terminalidade da vida. Tal conceito evoluiu igualmente como o conceito de vida, ambos ganharam novas diretrizes e formas com a evolução da humanidade. Usar a concepção de vida e morte do século passado não cabe mais na sociedade brasileira, deve-se avançar respeitando todos os direitos e garantidas fundamentais. Não há meia-vida e não há meia- morte.

A discussão é espinhosa e complexa e sempre haverá conflito entre os direitos à vida, à liberdade de escolha, à morte digna, entre outros. Embora tantos entraves, é de extrema importância ultrapassar os conceitos individuais sobre a eutanásia e elevar a discussão da temática para a ordem coletiva, objetivando a qualidade de vida das pessoas e o bem comum. Por isso, nunca é demais lembrar que a finitude é para todos, a temática não deve ser um tabu, mas uma realidade discutida e enfrentada com todo respeito e relevância que merece, pois caso seja necessário optar pela forma de como a morte será confrontada, que seja dado a possibilidade ao direito a dignidade da pessoa humana nesse processo final.

Referências

ANDRADE, André Gustavo Corrêa de. **Liberdade de expressão em tempos de cólera**. 1ª **ed.** Rio de Janeiro: GZ, 2020.

BARBOSA, Gabriela Sousa da Silva; LOSURDO, Federico. **Eutanásia no Brasil**: entre o Código Penal e a dignidade da pessoa humana. Revista de Investigações Constitucionais, v. 5, nº 2, p. 165-186, 2018.

BARROSO, Luís Roberto; MARTEL, Letícia de Campos Velho. A morte como ela é: dignidade e autonomia individual no final da vida. **Revista da Faculdade de Direito da Universidade Federal de Uberlândia**, v. 38, nº 1, 2010.

BRASIL. Decreto- Lei nº 2.848, de 7 de dezembro de 1940. **Código Penal**. Diário Oficial da União: Brasília, DF, 31 dez. 1940, P. 2391.

BRASIL. [Constituição (1988)]. **Constituição da República Federativa do Brasil de 1988.** Diário Oficial da União: Brasília, DF, 05 out. 1888. P.1.

BRASIL. Projeto de Lei do Senado n° 236, de 2012. **Reforma do Código Penal Brasileiro.**

CABETTE, Eduardo Luiz Santos. **Eutanásia e ortotanásia**: comentários à resolução nº 1.805/06, CFM: aspectos éticos e jurídicos. Curitiba: Juruá, 2009.

CABRERA, Heidy de Ávila. **Eutanásia:** Direito de Morrer Dignamente. Dissertação de Mestrado em Direito. Osasco: Centro Universitário Fieo - Unifieo, 2010. Disponível em: http://www.unifieo.br/files/Heidy_de_Avila_Cabrera.pdf. Acesso em: 22/06/2021.

CAPEZ, Fernando. **Curso de Direito Penal**. Parte Especial. Volume 2. 20.ª ed. São Paulo: SaraivaJur, 2022.

CÓDIGO DE ÉTICA MÉDICA: **Resolução CFM nº 2.217, de 27 de setembro de 2018, modificada pelas Resoluções CFM nº 2.222/2018 e 2.226/2019** / Conselho Federal de Medicina - Brasília: Conselho Federal de Medicina, 2019.

CONSELHO FEDERAL DE MEDICINA. Resolução nº 1995 de 09 de agosto de 2012. **Dispõe sobre as diretivas antecipadas de vontade dos pacientes**. Diário Oficial da União: 31 ago. 2012, Seção I, p. 269-70. Disponível em: https://sistemas.cfm.org.br/normas/visualizar/resolucoes/BR/2012/1995. Acesso em: 14 ago. 2022.

DADALTO, Luciana. Reflexos jurídicos da Resolução CFM 1.995/12. **Revista Bioética.** 2013, v. 21, nº 1, pp. 106-112.

DADALTO, Luciana. **Eutanásia em crianças a luta da mãe do pequeno Abel**. Rio de Janeiro,18 ago. 2021a. Instagram: lucianadadalto. Disponível em: https://www.instagram.com/p/CgB8mcEuQhU/. Acesso em: 20 ago. 2022.

DADALTO, Luciana. Pode **Judiciário Colombiano ordena a realização da eutanásia em Martha Sepúlveda**. Rio de Janeiro, 28 out. 2021b. Instagram: lucianadadalto. Disponível em: https://www.instagram.com/p/CgB8mcEuQhU/. Acesso em: 20 ago. 2022.

DADALTO, Luciana. **A decisão de Alain Delon [...].** Rio de Janeiro, 31 mar. 2022a. Instagram: lucianadadalto. Disponível em: https://www.instagram.com/p/CgB8mcEuQhU/. Acesso em: 20 ago. 2022.

DADALTO, Luciana. **Ana Estrada tem direito à eutanásia [...]**. Rio de Janeiro, 15 jul. 2022b. Instagram: lucianadadalto. Disponível em: https://www.instagram.com/p/CgB8mcEuQhU/. Acesso em: 20 ago. 2022.

DINIZ, Debora. Quando a morte é um ato de cuidado: obstinação terapêutica em crianças. **Cadernos de Saúde Pública**, v. 22, nº 8, p. 1741-1748, 2006.

DYER, Owen; WHITE, Caroline; RADA Aser Garcia. **Assisted dying: law and practice around the world.** BMJ. 2015.

FRANÇA, Genival Veloso de. **Direito Médico.** 12ª ed. rev. atual e ampl. Rio de Janeiro: Forense, 2014.

GOLDIM, José Roberto. **Portal de Bioética**. Porto Alegre: 14 ago. 2022. Disponível em: https://www.ufrgs.br/bioetica/textos.htm#conceito. Acesso em: 20/08/2022.

INSTITUTO BRASILEIRO DE GEOGRAFIA E ESTATÍSTICA (IBGE). **Censo 2010**. Amostra Religião. Disponível em: https://cidades.ibge.gov.br/brasil/pesquisa/23/22107. Acesso em: 14 ago. 2022.

LENZA, Pedro. **Direito Constitucional**. 26ª **ed. São Paulo:** SaraivaJur, 2022.

MABTUM, M. M.; MARCHETTO, P. B. **Concepções teóricas sobre a terminalidade da vida**. MM Mabtum & PB Marchetto. O debate bioético e jurídico sobre as diretivas antecipadas de vontade, p. 53-72, 2015.

MAZZUOLI, Valerio de Oliveira. **Curso de Direitos Humanos**. 8ª **ed.** Rio de Janeiro: Forense, MÉTODO, 2021.

MENEZES, Rachel Aisengart. **Em busca da boa morte**: antropologia dos cuidados paliativos. In: Em busca da boa morte: antropologia dos cuidados paliativos. 2004. p. 225-225.

MENEZES, Rachel Aisengart; GOMES, Edlaine de Campos. **Uma" morte suave":** valores religiosos e laicos nos discursos sobre ortotanásia. Religião & Sociedade, v. 32, p. 81-100, 2012.

NEUKAMP, Franz. Zum problem der euthanasie. **Der Gerichtssaal,** v. 109, nº 403, p. 31-41, 1937.

OLIVEIRA, Maria Helena Barros de; TELES, Nair; CASARA, Rubens Roberto Rebello. **Direitos Humanos e Saúde**: reflexões e possibilidades de intervenção. Rio de Janeiro: Editora Fiocruz, 2021.

ORGANIZAÇÃO DAS NAÇÕES UNIDAS (ONU). **Declaração Universal dos Direitos Humanos**, 10 de dezembro de 1948.

RAMOS, André de Carvalho. **Curso de Direitos Humanos**. 5ª ed. **São Paulo: Saraiva Educação, 2017.**

REIS, Suelen Agum; OLIVEIRA, Raquel Fonseca. **Os limites entre a defesa do direito à vida e à morte**: uma análise atual da eutanásia no Brasil. Revista de Biodireito e Direito dos Animais, v. 5, nº 1, p. 20-36, 2019.

SANTORO, Luciano de Freitas. **Morte digna**: o direito do paciente terminal. Curitiba: Juruá, 2010.

SILVA, Sergio Gomes da. Eutanásia, finitude e biopolítica. **Rev.Mal-Estar Subj**, Fortaleza, v. 13, nº 1-2, p. 331-368, jun. 2013.

SIQUEIRA-BATISTA, Rodrigo; SCHRAMM, Fermin Roland. Eutanásia: pelas veredas da morte e da autonomia. **Ciência & Saúde Coletiva**, v. 9, p. 31-41, 2004.

SELLI, ML; ALVES, JS. Distanásia: percepção dos profissionais da enfermagem. **Rev Lat Am Enfermagem**, v. 17, nº 4, p.1-6, 2009.

VATICANO. Sagrada Congregação para a Doutrina da Fé. **Declaração sobre a Eutanásia**. Vaticano, 3 ago. 1980.

Capítulo 11

Discriminação Institucional de Gênero no Poder Judiciário como Cerceamento à Liberdade Sexual da Mulher

Renata de Lima Machado

Maria Helena Barros de Oliveira

O direito à liberdade e a liberdade das mulheres

A Constituição Federal de 1988 consagra o direito fundamental à liberdade em seu art. 5º que, juntamente com o direito à vida, à igualdade, à propriedade e segurança, constituiu o arcabouço valorativo do ordenamento jurídico brasileiro.

Fala-se em direitos especiais de liberdade – liberdade de expressão, de reunião e manifestação, religiosa, entre outras – a par de um direito geral de liberdade (SARLET, 2022). Em que pese a divergência acerca da existência ou necessidade de um direito geral de liberdade segundo alguns autores, para os que o admitem, ele seria o fundamento para a identificação de outras liberdades específicas não expressas, consagrando-se um sistema aberto de garantia de liberdades e direitos fundamentais, a funcionar como um princípio geral de interpretação das liberdades em espécie e de identificação de liberdades implícitas no ordenamento. Trata-se de assegurar uma proteção que seja isenta de lacunas (SARLET, 2022).

Inúmeros estudiosos procuraram explicar o conceito de liberdade, dentre os quais, Stuart Mill, que estudou a chamada liberdade civil ou liberdade social a partir da análise da natureza e limites do poder que pode ser legitimamente exercido pela sociedade sobre o indivíduo (MILL, 2017).

Para o filósofo, a liberdade é absoluta quando se trata de um comportamento do indivíduo que afete somente a si mesmo ou, se afetar a terceiros, mediante seu espontâneo e inequívoco consentimento e participação. Neste tocante, a liberdade abrange livre escolha de gostos e de propósitos e para configurar o próprio plano da vida, colhendo as consequências de seus atos. A limitação da liberdade surge quando o comportamento do indivíduo seja suscetível de causar danos a terceiros – naquilo que denominou princípio do dano.

Daí resulta que a liberdade de cada pessoa corresponde igual liberdade de outra, que podem unir-se para qualquer propósito se forem capazes, não prejudicarem a terceiro e nem estejam enganadas ou forçadas a tomarem suas decisões.

Ao propor a teoria do contrato social, Rousseau (2010, p. 25) entendeu necessário "achar uma forma de sociedade que defenda e proteja com toda a força comum a pessoa e os bens de cada sócio, e, pela qual, unindo-se cada um a todos, não obedeça todavia senão a si mesmo e fique tão livre quanto antes". Para tal consecução, cada indivíduo sacrificou uma parcela de sua liberdade - que chamou de liberdade natural - em favor de uma liberdade convencional. Neste sentido, para o autor, "o homem nasceu livre, e por toda parte geme agrilhoado" (ob. cit. p. 17).

A proposta de Rousseau, esboçada no movimento liberal inaugurado em fins do século XVIII e no início do século XIX, veio fulcrada nas noções de indivíduo, autonomia, propriedade privada, igualdade, liberdade, segurança e contrato, todas estas noções que erigiam o conceito de cidadão.

A filósofa feminista Carole Pateman (1993), contudo, tece críticas às teorias contratualistas acerca da origem da sociedade, porque reconheceram apenas aos homens a noção de indivíduo e de cidadão e todos os direitos daí decorrentes, negando-os às mulheres.

Segundo a estudiosa, quando da celebração do contrato social entre os indivíduos, realizou-se, concomitantemente, um pacto sexual que estabeleceu o poder político dos homens sobre as mulheres, a constituir, a um só tempo, tanto a liberdade civil daqueles, quanto a sujeição destas aos primeiros. Ou seja, um ajuste entre irmãos, maridos, cidadãos e trabalhadores, no qual as mulheres eram o objeto contratual, constituindo, assim, o patriarcado moderno:

> A liberdade não é universal - é um atributo masculino e depende do direito patriarcal. [...] O contrato está longe de se contrapor ao patriarcado; ele é o meio pelo qual se constitui o patriarcado moderno. (PATEMAN, 1993, p. 17).

Direito à liberdade sexual

O direito à liberdade abrange os direitos especiais de liberdade, tais como o direito à liberdade de pensamento, de expressão, religiosa, de locomoção, de reunião e, para os fins do presente trabalho, interessa-nos a liberdade sexual e de expressão da sexualidade ou de uso do próprio corpo.

A Declaração dos Direitos Sexuais, proclamada em 1997 na cidade de Valência, durante o XIII Congresso Mundial de Sexologia, posteriormente aprovada pela WAS (*World Association for Sexology*) em 1999 em Hong Kong, reconhece que direitos sexuais são direitos humanos fundamentais e baseados na liberdade, dignidade e igualdade inerente a todos os seres humanos e incluem o compromisso de proteção contra danos. Vinculam-se à autonomia, segurança, integridade, privacidade, equidade, prazer, informação, educação e atenção à saúde do indivíduo.

A liberdade sexual é vertente da dignidade humana no campo da sexualidade e abrange a vontade livre de que é portador o indivíduo no âmbito sexual, a capacidade de dispor livremente do seu corpo e de comportar-se sexualmente segundo seus desejos. Trata-se de parcela da liberdade pessoal e tem por únicos limites o respeito aos direitos alheios (PRADO, 2013).

Segundo Maria Berenice Dias (2001), "ninguém pode realizar-se como ser humano se não tiver assegurado o respeito ao exercício da sexualidade, conceito que compreende a liberdade sexual, albergando a liberdade da livre orientação sexual".

Dias (2001) menciona que o direito à sexualidade se insere no grupo dos direitos fundamentais de primeira geração, por ser inerente à liberdade e igualdade, e, como tal, inalienável e imprescritível. Por outro lado, destaca que o direito à livre orientação sexual deve ser inserido entre os direitos de segunda geração, na medida em que grupos minoritários no que tange ao exercício da sexualidade, como os de homossexuais, originam uma categoria social que deve ser protegida, posto que hipossuficientes, sob o ponto de vista do tratamento dispensado pela sociedade, por sempre ter sido alvo de discriminação social. O direito à sexualidade, de igual modo, também se inclui entre os de terceira geração, pois, embora exercidos individualmente, devem ser observados sob o ponto de vista da solidariedade, a fim de realizar toda a humanidade: "é um direito de solidariedade, sem cuja implementação a condição humana não se realiza, não se integraliza."

A antropóloga Gayle Rubin (1984) fez importante abordagem que evidencia a relação entre igualdade e liberdade sexual, ao ressaltar hierarquizações repressivas impostas pela sociedade na classificação de práticas sexuais que consubstanciariam o "bom" e o "mau" sexo.

Nesta hierarquização, "bom" sexo seria o heterossexual, marital, monogâmico, reprodutivo e não-comercial, ocorre em casa e entre indivíduos da mesma geração e sem envolver pornografia, objetos ou fetiches sexuais; "mau" sexo, seria todo aquele que viola essas regras (RUBIN, 1984).

Conforme se pratique um ou outro tipo de sexo segundo tal escala hierárquica, são distintas as consequências sociais para os indivíduos:

> Indivíduos cujo comportamento está no topo desta hierarquia são recompensados com saúde mental certificada, respeitabilidade, legalidade, mobilidade social e física, suporte institucional e benefícios materiais. Na medida em que os comportamentos sexuais ou ocupações se movem para baixo da escala, os indivíduos que as praticam são sujeitos à presunções de doença mental, má reputação, criminalidade, mobilidade social e física restrita, perda de suporte institucional e sanções econômicas.
>
> Um estigma extremo e punitivo mantém alguns comportamentos sexuais como baixo status e é uma sanção efetiva contra aqueles que as praticam. A intensidade deste estigma está enraizada nas tradições religiosas do ocidente. Mas muito do seu conteúdo contemporâneo deriva do opróbrio médico e psiquiátrico. (RUBIN, 1984, p. 15-16).

Intrinsicamente relacionada liberdade tem-se a igualdade, que consiste em assegurar a todos os indivíduos, sem exceção, o acesso a um sistema adequado de oportunidades que permita o desenvolvimento pleno da personalidade humana, assumindo feição de "igualdade na liberdade" (BINENBOJM, 2020).

Para Moreira (2020), o conceito de liberdade impõe o reconhecimento dos indivíduos como atores sociais capazes de atuar de forma competente no espaço público:

> uma pessoa será livre quando tiver a possibilidade de determinar sua ação por meio de sua vontade sem quaisquer tipos de constrição indevida de agentes externos. A ação livre se torna possível quando as pessoas possuem direitos socialmente definidos, situação que lhes permite agir de acordo com a determinação contida naquela norma. Tratamentos discriminatórios impedem, portanto, que as pessoas possam se autodeterminar porque as excluem da possibilidade de autodeterminação aberta a outros grupos. (MOREIRA, 2020, p. 73).

A liberdade individual requer, pois, igualdade de direitos e receber o mesmo tratamento dispensado às outras pessoas, a fim de que, como sujeito autônomo, seja possível dar sentido às ações do indivíduo, criando projetos pessoais e coletivos (MOREIRA, 2020).

Partindo das considerações acerca da relação entre igualdade e liberdade, sendo distintas as consequências sociais para os praticantes do "bom" ou "mau" sexo, como preconizado por Rubin, não há que se falar em igualdade de oportunidades individuais para o exercício pleno da liberdade sexual.

Neste tópico, maior a falta de igualdade e, consequentemente, de liberdade, no que tange ao exercício da sexualidade, para as mulheres, pela constituição do patriarcado, compreendido como o sistema contínuo de dominação masculina, que incorpora as dimensões da sexualidade, da reprodução e da relação entre homens e mulheres, e perpassa todas as estruturas sociais, tendo como um de seus elementos basilares o controle da sexualidade feminina (SAFFIOTI, 2015), conforme o demonstra o processo histórico da sociedade ocidental.

Uma das primeiras formas de controle da sexualidade e do pudor na sociedade ocidental cristã remonta às Escrituras e à narrativa de Adão e Eva, com destaque para as ideias de tentação, aceitação, vergonha, condenação e expulsão do paraíso, relacionadas às noções de pecado, culpa, sexualidade, crime e castigo, sendo o sujeito causador da perda do paraíso representado pelo gênero feminino.

Na Idade Média e início da Idade Moderna, o controle da sexualidade por meio da prática religiosa alcançou seu ponto máximo, com o poder político e religioso nas mãos das autoridades eclesiásticas, a autorizar que questões morais e religiosas fossem tratadas no plano jurídico, para julgamento dos denominados crimes contra a fé, a moral e os bons costumes. A Igreja apropriou-se da sexualidade humana, admitindo-a somente para a procriação no matrimônio. A instituição da categoria da bruxa, cujos comportamentos eram qualificados como heréticos e inspiraram verdadeira caçada, foi fenômeno com caráter eminentemente sexista, cuja idealização intercambiava elementos de religiosidade, de conhecimento e de sexualidade (PEDRINHA, 2009, p. 63).

Adiante, o movimento liberal inaugurado em fins do século XVIII e no início do século XIX tendo por fundamento as noções de cidadania, indivíduo, autonomia, propriedade privada, igualdade, liberdade, segurança e contrato, as quais, contudo, não foram igualmente conferidas às mulheres, consoante entendimento esposado por Pateman (1993) e ressaltado alhures.

Com o transcurso do tempo, o controle social da sexualidade por meio da religiosidade transmudou-se para o discurso médico e jurídico, sob os matizes teóricos do Positivismo. (PEDRINHA, 2009). Questões sanitárias impuseram um rígido controle sobre as habitações das camadas mais humildes, com o combate às doenças venéreas e outras oriundas da promiscuidade e insalubridade e, consequentemente, com o combate de comportamentos ligados à moralidade sexual (FOUCAULT, 2017).

Inaugurou-se a figura da "mulher nervosa" (PEDRINHA, 2009, p. 117) e a prescrição segundo a qual as mulheres seriam mais predispostas à loucura:

> Nesse diapasão, as "descobertas científicas" da medicina e da biologia corroboraram com essa dualidade, ao afirmar que o homem, por ser dono de um cérebro grande, pautava sua conduta na inteligência, racionalidade e lucidez; ao passo que a mulher, por ter um grande coração, guiava-se pela sensibilidade e pela intuição, conduzia-se de forma doce, frágil e submissa. estabelecido esse padrão de "normalidade", a mulher louca era aquela que rompia com sua natureza. logo, aquela que se comportava sexualmente de maneira destoante do seu papel social. era considerada louca [...] por conseguinte, as mulheres que não se adequavam aos padrões impostos eram diagnosticadas como doentes: nervosas, loucas e histéricas. (sic) (PEDRINHA, 2009, p. 122).

Este longo processo histórico culmina, na atualidade, com a identificação da denominada cultura do estupro (*rape-supportive culture*), por Susan Brownmiller (*in Against our will*, 1975), Campos et al., (2017, p. 983), a partir da definição de que a sexualidade masculina é naturalmente agressiva, enquanto a feminina é passiva, a exigir da mulher um comportamento polido, delicado e de não confronto. Exige-se das mulheres se comportarem de forma supostamente adequada, a não andarem sozinhas, a não vestirem roupas provocantes, a fim de evitarem o ato de violência sexual masculino, como se o comportamento feminino lhe desse causa. Assim, a sociedade não apenas tolera a violência sexual contra a mulher, como também a incentiva e legitima.

Na fala de Sydow e Castro (2017):

> Dentre os estereótipos mais comuns estão as preconcepções de que as mulheres gostam menos de sexo, sentem pouco desejo e são guardiães da virtude, da família e da moral. Em consequência, se cederem à tentação ou se provocarem os homens, são responsáveis pelas consequências das violências que vierem a sofrer. Daí o apelo popular tão intenso da chamada 'cultura da vagabunda' e a mais recente da 'cultura do estupro' (ou *slut shaming*). Vale dizer, trata-se da depreciação e da hostilização da mulher que viole as normas socioculturais tradicionais e as expectativas acerca da conduta sexual adequada ao seu gênero (SYDOW; CASTRO, 2017, p. 76).

Moreira (2020) aponta o quanto os diversos tipos de discriminação contra as mulheres são culturalmente legitimados e vistos como aspectos da constituição natural da organização social, de tal modo que a discriminação sexual contra as mulheres deve ser aferida como estruturante do sistema social.

Em palavras distintas, dito autor trabalha com o conceito da violência simbólica proposta por Bourdieu (2014), que compreende a vis exercida pelo corpo sem coação física e que se fundamenta na fabricação contínua de crenças no processo de socialização. Induz o indivíduo a se posicionar segundo critérios e padrões do discurso dominante e tem apoio em predisposições tidas como molas propulsoras, a induzir o indivíduo a se posicionar no espaço social seguindo critérios e padrões do discurso dominante, legitimando-o. Trata-se de um meio de exercício do poder simbólico e mostra-se:

> Suave, insensível, invisível a suas próprias vítimas, que se exerce essencialmente pelas vias puramente simbólicas da comunicação e do conhecimento ou, mais precisamente, do desconhecimento, do reconhecimento ou, em última instância, do sentimento. (BOURDIEU, 2014, p. 8).

Sob esse prisma, na divisão socialmente construída entre os gêneros elabora-se a "dominação masculina", que constrói e legitima a superioridade masculina em detrimento da inferioridade feminina, a tal ponto que

> a divisão entre os sexos parece estar 'na ordem das coisas', como se diz por vezes para falar do que é normal, natural, a ponto de parecer inevitável; [...] funcionando como sistemas de percepção, de pensamento e de ação. (BOURDIEU, 2014, p. 17).

A força da ordem masculina dispensa, pois, justificação, impondo-se a visão androcêntrica como se fosse neutra, e sem que nada precise legitimá-la. O princípio masculino é tomado como medida de todas as coisas.

Para o sociólogo, a "dominação masculina" é, portanto, uma espécie de violência simbólica, a exemplo de outras formas de dominação, tais como a de uma raça sobre a outra ou de uma classe dominante sobre a dominada, entre outras.

A discriminação sexual pode, entre outros, manifestar-se por ausência de proteção legal especial para as mulheres, pela negação de tratamento diferenciado delas em relação a algumas situações e pela permanência de padrões culturais que naturalizam funções sobre as quais elas não possuem poder para determinar seus limites e sentidos (MOREIRA, 2020).

Discriminação instituicional a funcionar como cerceadora da liberdade sexual, em especial à das mulheres

Por vezes, atos do poder público são realizados a partir de um julgamento moral quanto às práticas sexuais, em verdadeira aplicação da hierarquização de valores sexuais proposta por Rubin.

Trata-se da denominada discriminação institucional, que está presente mesmo quando não há intencionalidade discriminatória no agir do agente que a prática, diante da força de mecanismos institucionais.

Moreira (2020) esclarece que, inicialmente, acreditava-se que as discriminações ocorriam apenas em âmbito pessoal, na relação entre um indivíduo e outro. Contudo, após a constatação de que existe assimetria de poder entre grupos sociais, tal entendimento passou a ser superado, já que atos discriminatórios podem ocorrer entre membros de grupos que ocupam lugares distintos, de tal modo que os grupos predominantes impõem desvantagens aos grupos minoritários, a fim de manter o *status* privilegiado.

A discriminação institucional ocorre quando, no âmbito de uma instituição, pessoas recebem tratamento desfavorável em razão de estereótipos negativos a partir do plano cultural, o que tem por objetivo manter a subordinação e o controle social do grupo ao qual a vítima pertença.

A partir do momento em que as prescrições sociais e culturais produtoras de estereótipos ingressam nas instituições, as normas que mantêm o *status* do grupo privilegiado passam a operar automaticamente, independentemente de vontades individuais, por meio de políticas e práticas, bem como pela elaboração de métodos que procuram refutar a existência das discriminações. Um destes métodos consiste em fundamentar a prática naquilo que a sociedade entende como aceitável moralmente, tão constante quando se trata de apurar condutas sexuais:

> Seus líderes podem recorrer a ideologias sociais correntes que procuram atenuar ou negar a relevância de práticas discriminatórias sob o argumento de que seus agentes atuam de acordo com a moralidade social (MOREIRA, 2002, p. 460).

Há efeitos intergeracionais na discriminação institucional, na medida em gerações futuras serão atingidas pelas práticas institucionais, uma vez que os mecanismos discriminatórios se perpetuam ao longo do tempo, por automatismos.

De igual modo, podem dar-se efeitos universais ou transnacionais, posto que atinge membros do grupo desfavorecido em todas as sociedades, para o que não prescinde do apoio legal.

Alguns casos ocorridos no Brasil e no exterior exemplificam a discriminação institucional possivelmente havida quando se trata de analisar situações em que os direitos sexuais estão em jogo, quer por se relacionar a interesses de grupos minoritários, quer por dizer respeito a práticas sexuais que se afastam do chamado "bom sexo", segundo os critérios mencionados por Rubin e aqui já expostos:

No ano de 2019, o Tribunal de Justiça do Distrito Federal julgou improcedente pedido de alteração de nome feito pelos pais de uma mulher transgênero após sua morte, ao fundamento de que, sendo o nome um direito personalíssimo, eventual mudança caberia exclusivamente à própria interessada em vida[1].

No mesmo ano, decisões judiciais foram alvo de intensa polêmica quando do deferimento de pleito efetuado pelo Prefeito do Rio de Janeiro para recolhimento dos exemplares de título com temática LGBTQIA+ na Feira Internacional do Livro. A decisão de 2º grau, posteriormente re-

1 https://www.metropoles.com/distrito-federal/justica-distrito-federal/justica-nega-que-pais-alteremnome-de-filha-transgenero-apos-suamorte#:~:text=-Para%20desembargadores%2C%20eventual%20pedido%20de,pr%C3%B3pria%20interessada%20ainda%20em%20vida&text=A%20 2%C2%AA%20Turma%20C%C3%ADvel%20do,mulher%20transg%C3%AAnero%20ap%C3%B3s%20sua%20morte.

formada em Superior Instância, fundamentou-se no fato de que a obra – história em quadrinhos de super-heróis – continha desenho com dois personagens realizando um beijo gay, e, como tal, não seria adequada ao público infantojuvenil ao qual é destinada[2].

Binenbojm (2020) aponta que, em 1993, decisão da Câmara dos Lordes, no Reino Unido, proibiu violência física nas relações sadomasoquistas, mesmo quando seus praticantes sejam indivíduos maiores e capazes em relações inteiramente consensuais e que aquela é a forma com que desejam expressar sua sexualidade e assim sentem o prazer sexual. O mesmo autor recorda, ainda, a proibição levada a efeito pelo Tribunal Constitucional Federal da Alemanha para os "*peep shows*" – nas quais pessoas se exibem no interior de cabines em atitudes eróticas ou sexuais e são observadas por alguém do lado de fora, não obstante tais personagens sejam maiores e capazes e ali se encontrem voluntariamente.

No que tange especificamente às mulheres, a discriminação institucional decorre do patriarcado, a partir do desenvolvimento histórico e cultural da sociedade e que teve como um de seus focos principais o controle de sua sexualidade, o que as atinge universal e transgeracionalmente.

Episódio famoso e que foi levado às cortes americanas relacionou-se às divergências, havidas nas décadas de 80 e 90 do século XX, entre as feministas antipornografia e as feministas pro-sexo, identificando as primeiras a pornografia como um pivô do patriarcado, na medida em que seria a teoria da qual o estupro é a prática, por erotizar, incitar e legitimar a violência dos homens contra as mulheres e reforçar-lhes a subordinação (SRINIVASAN, 2021).

Por influência do movimento antipornografia, o município de Indianápolis, estado de Indiana, promulgou lei que estabeleceu a pornografia como "a subordinação sexualmente explícita da mulher, de forma realista e sugestiva, quer através de imagens, quer de palavras", consistindo, entre outros, em material nos quais as mulheres aparentam gostar da dor, da humilhação e do estupro ou são apresentadas como seres degradados, torturados, sujos ou servis. Levada a julgamento, foi reconhecida a inconstitucionalidade da norma (DWORKIN, 2019).

2 https://catracalivre.com.br/cidadania/tj-muda-decisao-e-manda-recolher-livro--com-tematica-lgbt-dabienal

Sendo de natureza estrutural, o patriarcado influenciou também o Direito, seja nas leis, na doutrina e na jurisprudência, bem como nas práticas jurídicas:

> O sexismo é uma prática que existe em todas as sociedades humanas ao longo da história. A opressão de homens sobre as mulheres ocorre em todas as dimensões porque influencia todas as operações dos diversos sistemas sociais presentes dentro da sociedade. O sexismo não é apenas uma prática cultural: é uma forma de dominação social regulada pelo Direito. A diferenciação de tratamento entre os sexos ainda está presente nas práticas sociais das mais variadas instituições, sejam elas públicas ou privadas, na maioria das sociedades humanas (MOREIRA, 2020, p. 465).

A título de exemplo, vide a expressão "mulher honesta", tão corriqueira no ordenamento jurídico brasileiro, e traz ínsito um juízo de valor patriarcal e tem como consequência a apuração da "honestidade" da mulher que se vê vítima de delitos sexuais: quando a vítima pretende que um crime sexual seja apurado, tem a sua própria honestidade-moralidade investigada, em verdadeira inversão de papéis (ANDRADE, 2005).

Ao aplicar o Direito imbuído das concepções patriarcais, o Poder Judiciário pode contribuir para reforçá-las, consubstanciando uma discriminação institucional e mesmo uma violência institucional, que há de ser compreendida como aquela praticada nas instituições prestadoras de serviços públicos e praticadas por seus agentes. Abrange abusos cometidos em virtude das relações de poder desiguais entre usuários e profissionais dentro das instituições do Estado (art. 9º, Res 254/2018, CNJ).

À guisa de exemplificação, o seguinte julgado proferido pelo Tribunal de Justiça de Minas Gerais em 23 de julho de 2015:

> APELAÇÃO CÍVEL - CORPO FEMININO - FOTOS DE PARTES INTIMAS - DIVULGAÇÃO PELA INTERNET - AUTORIA INCERTA - DANOS MORAIS - DEVER DE INDENIZAR - PARTICIPAÇÃO EFETIVA DA VÍTIMA - INDENIZAÇÃO DIMINUÍDA. - As fotos em posições ginecológicas que exibem a mais absoluta intimidade da mulher não são sensuais. Têm definição mais amarga. A postura de quem fragiliza o conceito de moral pode autorizar avaliação condizente com essa postura. Havendo dúvidas quanto a origem da divulgação de fotos tiradas por *webcam* não se pode fixar um culpado. Vítima que participa de forma efetiva e preponderante para a consumação do

> fato tem de ser levado em consideração na fixação da condenação. BRASIL.Tribunal de Justiça do Estado de Minas Gerais. 16ª Câmara Cível. Apelação Cível nº 1.0701.09.250262-7/001. Julgado em 23/07/2015 (*apud* SILVA; PINHEIRO, 2017a, p. 254).

O acórdão a seguir, além de revelar basear-se em estereótipos de gênero, promove a culpabilização da vítima, naquilo já identificado como algo próprio da cultura do estupro:

> EMENTA: RECURSO DE APELAÇÃO CÍVEL – AÇÃO DE INDENIZAÇÃO POR DANOS MORAIS – PROPAGAÇÃO DE FOTOS ÍNTIMAS – LESÃO A HONRA, IMAGEM, INTIMIDADE E VIDA PRIVADA – INEXISTENTE – AUTORIZAÇÃO EXPRESSA DA PARTE PARA DIVULGAÇÃO – DANOS MORAIS AFASTADOS – CONFECÇÃO PELA PRÓPRIA VÍTIMA E ENVIO PARA TERCEIRA PESSOA – CULPA EXCLUSIVA DESTA – RECURSOS CONHECIDOS, PROVIDO O PRIMEIRO APELO E PREJUDICADO O SEGUNDO APELO.
>
> O artigo 5º, X da Constituição Federal assegura a inviolabilidade da intimidade, da vida privada, da honra e da imagem das pessoas, assegurado o direito a indenização pelo dano material ou moral decorrente de sua violação.
>
> A propagação de imagens que violam a intimidade da parte é capaz de ensejar indenização por danos morais, quando não há autorização para tanto, nos termos do artigo 20 do CC.
>
> O fato de a parte ter produzido e remetido a foto íntima para outrem caracteriza sua culpa exclusiva pela propagação das imagens acostadas nos autos. Apelação 105148/2015 - Classe: CNJ-198 COMARCA DE BARRA DO GARÇAS. Protocolo Número/Ano: 105148 / 2015. Julgamento: 13/04/2016. APELANTE (S) - J. M. M. V APELANTE (S) - B. B. R.; APELADO (S) - B. B. R.; APELADO (S) -J. M. M. V.

Nas atividades de cunho prático realizadas perante o Poder Judiciário igualmente é possível identificar a influência do patriarcado, não apenas por membros deste Poder, mas por outros partícipes dos atos judiciais.

Dois episódios noticiados no ano de 2020, extraídos do cotidiano forense, ganharam grande repercussão pública, diante das reproduções relacionadas a estereótipos de gênero.

No primeiro desses episódios, em uma audiência de instrução e julgamento para apuração de crime sexual contra mulher, o advogado do réu teria questionado veementemente a moralidade sexual da denunciante, utilizando expressões preconceituosas e estereotipadas em relação a gênero, ao classificar como "ginecológicas" as fotografias da vítima existentes em perfis de redes sociais, vaticinando que "jamais teria uma filha" do seu "nível", entre outros comentários de igual estirpe[3].

Na segunda ocorrência, um magistrado que presidia uma audiência em matéria familiar teria mencionado que não costuma levar em consideração na sua atuação laboral a Lei 11.340 de 1995, que criou mecanismos para coibir a violência doméstica e familiar contra a mulher: "Se tem lei Maria da Penha contra a mãe, eu não tô nem aí. Uma coisa eu aprendi na vida de juiz: ninguém agride ninguém de graça". Teria, ainda, desdenhado de medidas assecuratórias outorgadas em favor da mulher: "Não tô nem aí para medida protetiva e tô com raiva já de quem sabe dela. Eu não tô cuidando de medida protetiva"[4].

Tais exemplos permitem identificar a discriminação institucional contra a mulher no que tange ao livre e pleno exercício de sua sexualidade, a ensejar uma limitação a seus direitos sexuais, na medida em que se vislumbra um julgamento moral sobre condutas sexuais.

Roger Raupp Rios (2006) propõe o desenvolvimento de "direito democrático da sexualidade", sob a perspectiva da democracia, da cidadania, dos direitos humanos e dos direitos sexuais com vistas à proteção das diversas manifestações da sexualidade humana, capaz de possibilitar o "livre exercício responsável da sexualidade, criando as bases para uma regulação jurídica que supere as tradicionais abordagens repressivas que caracterizam as intervenções jurídicas nesses domínios" e "forjando condições para um direito da sexualidade que seja emancipatório em seu espírito" (RAUPP, 2006, p. 72-73).

Esforços vem sendo realizados para conscientizar os operadores acerca da influência do patriarcado no Direito, da discriminação institucional e da violência institucional que daí pode resultar, do que são

3 "Veja a íntegra da audiência de Mariana Ferrer em julgamento sobre estupro", disponível em https://www.conjur.com.br/2020-nov-05/veja-integra-audiencia-mariana-ferrer-estupro. Acesso em 12 de junho de 2021).

4 "Em audiência, juiz diz que não está 'nem aí para Lei Maria da Penha'", disponível em https://www.conjur.com.br/2020-dez-18/audiencia-juiz-nao-nem-ai-lei-maria-penha, acesso em 12 de junho de 2021).

exemplos os estudos das teorias feministas do Direito e o Protocolo para Julgamento sob Perspectiva de Gênero lançado no ano passado pelo Conselho Nacional de Justiça, bem como o advento da Lei 14.321 de 2022, que criou figura delitiva a tanto relacionada.

Sem dúvida, estes são importantes avanços para combater a nefasta influência do patriarcado no Direito e nas práticas jurídicas, a surtirem efeitos inclusive no âmbito da liberdade sexual da mulher.

Todavia, ainda é longo o trajeto a ser feito para garantir efetiva igualdade e liberdade entre mulheres e homens, seja no campo do exercício livre da sexualidade, seja em qualquer outra seara.

Referências

ANDRADE, Vera Regina Pereira de. **A soberania patriarcal**: o sistema de justiça criminal no tratamento da violência sexual contra a mulher. Revista Seqüência, nº 50, p. 71-102, jul. 2005;

BINENBOJM, Gustavo. **Liberdade igual**: o que é e por que importa. 1ª ed. Rio de Janeiro: História Real, 2020;

BOURDIEU, Pierre. **A dominação masculina**. Rio de Janeiro: Bertrand Brasil, 2014;

CAMPOS, Carmen Hein de; MACHADO, Lia Zanotta; NUNES, Jordana Klein, SILVA, Alexandra dos Reis, C. Cultura do estupro ou cultura antiestupro? **Revista Direito GV**, v. 13, nº 3, p. 981-1006, dez. 2017. Disponível em: https://doi.org/10.1590/2317-6172201738. Acesso em: 21 fev. 2019;

DIAS, Maria Berenice. **Liberdade sexual e direitos humanos**. Autor: Maria Berenice Dias. Data de publicação: 27/12/2001; Disponível em: https://ibdfam.org.br/artigos/24/Liberdade+sexual+e+direitos+humanos, acesso em 14 de outubro de 2022.

DWORKIN, Ronald. **O direito da liberdade**: a leitura moral da Constituição norte-americana. 2ª ed. São Paulo. Ed. WMF Martins Fontes, 2019;

FOUCAULT, Michel. **Microfísica do poder.** Organização, introdução e revisão técnica de Roberto Machado. 6ª ed. Rio de Janeiro: Paz e Terra, 2017;

MILL, J. S. **Sobre a liberdade**. 1ª ed. São Paulo. Penguin Classics Companhia das Letras, 2017;

MOREIRA, Adilson José. **Tratado de Direito Antidiscriminatório**. São Paulo: Editora Contracorrente, 2020;

PATEMAN, Carole. **O contrato sexual**. Tradução: Marta Avancini. Rio de Janeiro: Paz e Terra, 1993.

PEDRINHA, Roberta Duboc. **Sexualidade, controle social e práticas punitivas**: do signo sacro religioso ao modelo científico médico higienista. Rio de Janeiro: Lumen Juris, 2009.

PRADO, Luiz Regis. Curso de direito penal brasileiro. 11ª ed. rev. atual. e ampl. São Paulo: **Revista dos Tribunais**, 2013. v. 2. (Parte Especial - Arts. 121 a 249);

RIOS, Roger Raup. **Para um direito democrático da sexualidade**. Horizontes Antropológicos, Porto Alegre, ano 12, nº 26, p. 71-100, jul./dez. 2006;

ROUSSEAU, Jean-Jacques. **Do contrato social**. Ou princípios do direito político. Texto Integral. Tradução: Pietro Nassetti. 3ª edição. Martin Claret, 2000;

RUBIN, Gayle. **Pensando sexo:** notas para uma teoria radical da política da sexualidade. [S. l.: s. n.], 1984. Disponível em: https://repositorio.ufsc.br/bitstream/handle/123456789/1229/rubin_pensando_o_sexo.pdf, Acesso em: 21 fev. 2019;

SAFFIOTI, Heleieth. **Gênero, patriarcado e violência**. São Paulo: Expressão Popular: Fundação Perseu Abramo, 2015;

SARLET, Ingo Wolfgang. **Curso de Direito Constitucional**. Ingo Wolfgang Sarlet, Luiz Guilherme Marinoni, Daniel Mitidiero. - 11ª ed. - São Paulo: SaraivaJur, 2022.

SILVA, Artenira da Silva; PINHEIRO, Rossana Barros. Exposição que fere, percepção que mata: a urgência de uma abordagem psicosociojurídica da pornografia de vingança à luz da Lei Maria da Penha. **Revista da Faculdade de Direito UFPR**, Curitiba, v. 62, nº 3, p. 243-265, set./dez. 2017a. Disponível em: http://revistas.ufpr.br/direito/article/view/53834. Acesso em: 06 fev. 2019.

SRINIVASAN, Amia. **O direito ao sexo**: Feminismo no sec. XXI. 1ª ed. São Paulo. Todavia. 2021;

SYDOW, Spencer Toth; CASTRO, Ana Lara Camargo de. **Exposição pornográfica não consentida na internet:** da pornografia de vingança ao lucro. Belo Horizonte: Ed. D´Plácido, 2017. (Coleção Cybercrimes);

Outros sites consultados:

BRASIL. **Resolução 254/2018 do CNJ - institui a Política Judiciária Nacional de Enfrentamento contra as mulheres pelo Poder Judiciário** https://atos.cnj.jus.br/files/resolucao_254_04092018_05092018142446.pdf, acesso em 22 de janeiro de 2021.

WORLD ASSOCIATION FOR SEXUAL HEALTH. **Declaração dos direitos sexuais**. [S. l.: s. n.], 2013. Disponível em: http://www.worldsexology.org/wp-content/uploads/2013/08/DSR-Portugese.pdf . Acesso em: 26 dez. 2018.